Klassische Schullektüre

Herausgeber: Ekkehart Mittelberg

Johann Wolfgang Goethe

Götz von Berlichingen
mit der eisernen Hand

Text und Materialien
bearbeitet von Heinz-Joachim Schüßler

Cornelsen

Umschlaggestaltung: Matthias Mantey
Umschlagillustration: Klaus Ensikat
Technische Umsetzung: Enev Design & Consulting, Berlin

1. Auflage   Druck 4 3 2 1   Jahr 2000 99 98 97
Alle Drucke dieser Auflage können im Unterricht nebeneinander verwendet werden.

© 1997 Cornelsen Verlag, Berlin
Das Werk und seine Teile sind urheberrechtlich geschützt.
Jede Verwertung in anderen als den gesetzlich zugelassenen Fällen
bedarf deshalb der vorherigen schriftlichen Einwilligung des Verlages.

Druck: Saladruck, Berlin

ISBN 3-464-12132-1

Bestellnummer 121321

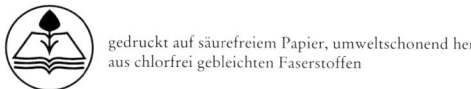

gedruckt auf säurefreiem Papier, umweltschonend hergestellt
aus chlorfrei gebleichten Faserstoffen

zig sind, wo man Verträge hält, Treue bewahrt, die Unschuld beschirmt, wo die Rechtschaffenheit in Übung, Bündnisse in Geltung sind" (U. von Hutten).

Um Götz schart sich ein enger Kreis von gleich gearteten Gefährten: Elisabeth, sein tüchtiges Eheweib, der Knappe Jörg, der alte Selbitz, Franz Lerse und der hochgemute Ebernburger. Von diesen Treuverschworenen sind ihre Gegenspieler – der Hof von Bamberg, Adelbert von Weislingen und Adelheid von Walldorf – drastisch abgehoben, wobei Beständigkeit und Wankelmut, offener Gradsinn und verborgene Tücke, aufopfernde Versöhnlichkeit und gnadloser Vernichtungswille im Auf und Ab des Dramas sich die Waage halten, bis Gottfried – durch den ohnmächtigen Kaiser in die Acht erklärt und von dem machtgierigen Volk zurückgestoßen – im Kampfe einer gegen alle tragisch untergeht.

Aus: Programm der Burgfestspiele Jagsthausen, Spielzeit 1959, S. 10

M 4.2 *Edward McInnes*
Moral, Politik und Geschichte in Goethes *Götz von Berlichingen*

Es kann keinen Zweifel darüber geben, dass Goethe von der moralischen Gesinnung seines Helden gefesselt ist und dass ihm daran liegt, die Einheit und Geschlossenheit seines Lebensbewusstseins als eine positive Kraft hervorzuheben. Aber obwohl er darauf aus ist, die innere Stärke des Ritters zu würdigen, liegt ihm eindeutig ebenfalls daran, diese Stärke als eine Begrenzung darzustellen.

Götzens Neigung, alle sozialen Beziehungen als persönlich-moralische Bindungen zu erfassen, die seinen Handlungen zu Grunde liegt, enthüllt – wie der Dichter zeigt – eine fatale Beschränktheit seiner Lebenssicht: eine Unfähigkeit sich selbst und seine unmittelbare Lage in der Perspektive umfassender historischer Entwicklungen zu sehen, die eine unvermeidliche Fehleinschätzung seiner Lage in der Gesellschaft seiner Zeit mit sich bringt. Seine Sehnsucht, patriarchale, organische Gesellschaftsformen wiederherzustellen, schließt ihn von vornherein – wie Goethe andeutet – davon aus, produktiv am laufenden Prozess der sozialen Entwicklung teilzunehmen, da ihr jeglicher politischer Bezug fehlt. Denn die Gesellschaft, die gerade entsteht, ist, wie der Kaiser klar erkennt, umfangreicher und komplexer in ihrer Organisation und muss in immer größerem Maße von entwickelten konstitutionellen, politischen und gesetzlichen Institutionen kontrolliert werden. Moralische Ansprüche auf Gerechtigkeit, Menschlichkeit und Frieden können in der modernen Welt nur mehr durch staats- und verfassungspolitische Mittel durchgesetzt werden.

Götzens Unvermögen, dies zu verstehen, ist am Ende der Grund für seine Niederlage. Wie wir gesehen haben, wird er durch seine Gegner ausgespielt und diskreditiert, die die bestehenden politischen und rechtlichen Kräfte gegen ihn benutzen können. Aber Goethe sagt mehr als nur das. Götzens Unfähigkeit, eine spezielle politische Dimension der Verantwortung zu erkennen, liefert ihn nicht nur den er-

barmungslosen politischen Gegnern aus, sondern macht ihn von vornherein zu einer destabilisierend-zersetzenden Kraft im Sozialleben seiner Zeit, und zwar in einer für ihn unverständlichen Art. Wenn er auch in gutem Glauben gegen die Übel rund um sich vorgeht, so wirkt er trotzdem jeglicher positiven gesellschaftlichen Entwicklung
5 entgegen. Denn diese Übergangsperiode ist nicht nur ein Zusammenbruch und eine Auflösung, wie Götz selber glaubt. Es liegen in ihr – wie der Dichter durch den Kaiser enthüllt – Möglichkeiten eines sozialen und kulturellen Fortschritts, Möglichkeiten, die nur dann verwirklicht werden können, wenn das Reich unter ein kohärentes[1], autoritatives konstitutionelles System[2] gebracht wird.

In: Zeitschrift für deutsche Philologie, Bd. 103 (1984), Berlin, Bielefeld, München: Erich Schmidt Verlag, S. 14 f.

Arbeitsanregungen
1. *Vergleiche, wie die einzelnen politischen Kräfte in der Zeit des Umbruchs im 16. Jahrhundert von den beiden Autoren (M 4.1 und 4.2) gesehen werden.*
   – Welche Stände werden eher positiv eingeschätzt?
   – Welche Institutionen erhalten abwertende Bezeichnungen?
2. *Welche Stellung nimmt nach Meinung der Verfasser der Ritter Götz in dem politischen Ringen ein? Wie fällt deshalb ihr Urteil über den Helden des Schauspiels aus?*

1 *kohärent:* zusammenhängend
2 *konstitutionelles System:* Verfassungssystem

BILDQUELLENVERZEICHNIS

S. 4: Daniel Bager: J. W. Goethe. Miniatur in Öl. Frankf./M., 1773. Bildarchiv preußischer Kulturbesitz, Berlin 1997. – S. 5: Anton Johann Kern: Porträt des jungen Goethe. Gemälde, 1765. Archiv für Kunst und Geschichte, Berlin 1997. – S. 6: Selbstporträt in seinem Frankfurter Arbeitszimmer. aquarellierte Bleistiftzeichnung, zwischen 1770 und 1773. Bildarchiv preuß. Kulturbes., Berlin 1997. – S. 7: Cornelia Goethe. Lithografie nach Goethes Zeichnung, 1773. Bildarchiv preuß. Kulturbes., Berlin 1997. – S. 10: Joseph Friedrich August Darbes: J. W. Goethe. Ölgemälde, 1785. Bildarchiv preuß. Kulturbes., Berlin 1997. – Alle Szenenfotografien: Götz-Inszenierung der Burgfestspiele/Jagsthausen 1997/Lussem. S. 31, S. 37, S. 42, S. 45 fotografiert von und ©: Werner R. Jänicke. Heilbronn, 1997. – S. 105: Götz von Berlichingen. Ölgemälde, 1535. Bildarchiv preuß. Kulturbes., Berlin 1997. – S. 108: Götz von Berlichingens „eiserne Hand", beide Abb.: Bildarchiv preuß. Kulturbes., Berlin 1997.

INHALT

Biografie des Autors 5
Götz von Berlichingen mit der eisernen Hand 11
Materialien 105
M 1   Der historische Götz 105
M 1.1 Biografie 106
M 1.2 Fehde, Fehdewesen 106
M 1.3 *Götz von Berlichingen* Mein Fehd und Handlungen .. 111
M 2   Das Vorbild Shakespeare 114
M 2.1 *Johann Gottfried Herder* Shakespear 114
M 2.2 *Johann Wolfgang Goethe* Dichtung und Wahrheit 115
M 2.3 *Johann Wolfgang Goethe* Zum Schäkespears Tag 117
M 2.4 *William Shakespeare* Macbeth 120
M 3   Die Reaktionen der Zeitgenossen 122
M 3.1 *Jakob Michael Reinhold Lenz* Über Götz von Berlichingen ... 122
M 3.2 *König Friedrich II. von Preußen* Über die deutsche Literatur .. 124
M 3.3 *Germaine de Staël* Über Deutschland 125
M 4   Zwei neuere Deutungen 126
M 4.1 *Wilhelm Speidel* Götz von Berlichingen 126
M 4.2 *Edward McInnes* Moral, Politik und Geschichte
      in Goethes *Götz von Berlichingen* 127
Bildquellenverzeichnis 128

Daniel Bager Johann Wolfgang Goethe (Miniatur in Öl, Frankfurt a. M., 1773)

BIOGRAFIE DES AUTORS

1749   Am 28. August wird Johann Wolfgang Goethe in Frankfurt am Main geboren. Großbürgerlicher Wohlstand, Bildung und juristisches Denken bestimmen das Milieu, in dem der Junge zusammen mit seiner um ein Jahr jüngeren Schwester Cornelia aufwächst. Die Mutter Catharina Elisabeth ist Tochter von Johann Wolfgang Textor, der als Stadtschultheiß an der Spitze der Frankfurter Justizverwaltung steht. Der Vater Johann Caspar Goethe hat als Erbe eines beträchtlichen Vermögens Jura studiert und sich den Titel eines Kaiserlichen Rates gekauft. Angesehen und wohlhabend kann er sich ohne berufliche Pflichten seinen privaten Sammlungen, den von Bildungsreisen nach Frankreich und Italien mitgebrachten Erinnerungsstücken und Bildern sowie seiner umfangreichen Bibliothek widmen.

In dem großzügigen Patrizierhaus am Großen Hirschgraben haben die Kinder von Anfang an vielerlei Anregungen für ihre geistige Entwicklung, die vom Vater durch die Bestellung sorgfältig ausgewählter Hauslehrer noch gefördert wird. Der junge Goethe lernt vor allem alte und neuere Sprachen, daneben beschäftigt er sich mit Kunst und Literatur. Die strenge religiöse Erziehung ist bestimmt von der Lehre des aufgeklärten Luthertums.

Stark geprägt wird er auch von seinen Beobachtungen in der alten Reichs- und Messestadt am Main mit ihren Märkten, Gassen, Kirchen und Klöstern. Die

Anton Johann Kern
Porträt des jungen Goethe
(Gemälde, 1765)

alte Kaiserherrlichkeit entfaltet noch einmal ihre Pracht bei der Wahl und Krönung Josefs II. 1764. Die Versammlung der Fürsten des Reiches, die mit großem Gefolge angereist sind, beeindruckt den noch nicht 14-jährigen Goethe besonders. Zu dieser Zeit hat er bereits zahlreiche Gedichte verfasst und sich an Dramen und einem fingierten Briefwechsel versucht. Die meisten der frühen Versuche hat er allerdings später vernichtet.

1765 Mit sechzehn Jahren kann er mit dem Studium beginnen. Gerne würde er sich mit den Altertumswissenschaften befassen, doch der Vater will aus ihm einen Verwaltungsjuristen machen; deshalb muss der Sohn Jura studieren, und zwar, wie ehemals der Vater, in Leipzig. Vom Elternhaus finanziell großzügig ausgestattet kann Goethe in Leipzig neben seinem Studium die vielseitigen Anregungen der geschäftigen und im Vergleich mit Frankfurt viel moderneren Stadt auf sich wirken lassen. Neben juristischen Vorlesungen besucht er auch solche in den Geisteswissenschaften, ist aber von den z. T. recht namhaften Professoren bald enttäuscht.

1768 Wegen einer schweren Krankheit unterbricht er sein Studium und wird trotz intensiver Pflege im Frankfurter Elternhaus nur langsam gesund.

1770 Zum Abschluss des Jurastudiums geht er nach Straßburg. Hier wird die Freundschaft mit *Johann Gottfried Herder*, der ihn auf die Shakespeare'schen Dramen und die im Volkstümlichen schlummernden Kräfte der Kulturen ver-

Selbstporträt in seinem Frankfurter Arbeitszimmer (aquarellierte Bleistiftzeichnung, zwischen 1770 und 1773)

weist, zu einem entscheidenden Erlebnis. Zusammen mit der neuen Sicht der am Straßburger Münster erfahrenen Gotik, die er für deutsche Baukunst hält, entsteht so eine neue Kunstauffassung und ein neues Lebensgefühl, in dessen Mitte die Begriffe „Genie" und „Original" stehen.

1771 Die von Goethe als Doktorarbeit der Straßburger Rechtsfakultät vorgelegte Schrift über ein Thema des Kirchenrechts wird zurückgewiesen. Die näheren Umstände sind nicht ganz geklärt, da die Dissertation verschollen ist. Aus einigen Briefen wissen wir andeutungsweise etwas über den Inhalt. Offenbar hat er sehr gewagte theologische Thesen als Grundlage der rechtswissenschaftlichen Arbeit entwickelt, so die Behauptung, die christliche Lehre stamme nicht von Jesus. Goethe begnügt sich mit dem Titel eines Lizentiaten, der durch ein vereinfachtes Verfahren erworben wird, aber dem Doktorgrad gleichgestellt ist.

Nach bestandener Prüfung trennt er sich für immer von seiner Geliebten der Straßburger Zeit, der Pfarrerstochter Friederike Brion aus dem elsässischen Sesenheim, die Adressatin vieler Liebesbriefe und wunderschöner Gedichte (*Willkommen und Abschied*) gewesen ist.

In Frankfurt beginnt er seine Tätigkeit als Anwalt, widmet sich aber vor allem der Dichtkunst. Er verfasst die großen Hymnen *Prometheus* und *Ganymed*. Seine Begeisterung für Shakespeare, der damals in Deutschland noch kaum

Cornelia Goethe (1750–1777) Lithografie nach Goethes Zeichnung, auf einem Korrekturbogen des *Götz*, 1773 ausgeführt

bekannt ist, findet Ausdruck in einer von ihm veranstalteten Feier zu dessen Namenstag am 14. Oktober. Zu diesem Anlass verfasst er die Rede *Zum Schäkespears Tag*, eine Abrechnung mit dem französischen Theater und eine Verehrung des großen Briten als Vorbild eines neuen Theaters auch in Deutschland.

Auf der Suche nach einem Stoff für ein eigenes Drama im Sinne Shakespeares stößt Goethe auf die Gestalt des Götz von Berlichingen. Schon während seines juristischen Studiums bei der Beschäftigung mit dem Fehderecht hatte dieser fränkische Ritter aus dem 16. Jahrhundert seine Aufmerksamkeit erregt. Goethe lässt sich die 1731 gedruckte, von Götz selbst verfasste Lebensbeschreibung kommen und dramatisiert einige wesentliche Episoden unter Hinzufügung weiterer Personen und Handlungselemente. Entscheidenden Anteil an der Entstehung hat seine Schwester, die ihn immer wieder zum Schreiben drängt und der er jede neue Szene sofort vorliest. So vollendet er die *Geschichte Gottfriedens von Berlichingen mit der eisernen Hand, dramatisiert*, den sogenannten Urgötz, nach sechswöchiger Arbeit. Gedruckt wurde diese erste Fassung des Götz aber erst 1832 nach Goethes Tod.

1772 Der junge Anwalt geht für ein halbes Jahr ans Reichskammergericht nach Wetzlar um sich weitere Gerichtspraxis anzueignen.

1773 Auf Anraten Herders arbeitet Goethe sein *Götz*-Drama um, indem er Übertreibungen und fantastische Abschweifungen ausmerzt. Das Werk mit dem Titel *Götz von Berlichingen mit der eisernen Hand* erscheint im Selbstverlag ohne den Namen des Verfassers.

1774 In Berlin findet die Uraufführung des Stückes in einer gekürzten Fassung statt. Sie erfährt begeisterte Zustimmung, aber auch scharfe Ablehnung. Goethes Freundschaft und Liebe zu Lotte Buff während der Monate in Wetzlar und bedrückende Nachrichten aus Wetzlar in den anschließenden Monaten geben den Anstoß zum Briefroman *Die Leiden des jungen Werthers* (1774), der sehr bald nach seiner Veröffentlichung ein großer Verkaufserfolg wird und den vierundzwanzigjährigen Autor in Deutschland und darüber hinaus berühmt macht.

1775 bis 1786 Goethe folgt einer Einladung des einige Jahre jüngeren Erbprinzen Karl August von Weimar nach dessen Residenzstadt. Weimar sollte von nun an der Lebensmittelpunkt für den Dichter werden. Sehr bald werden ihm wichtige Ämter übertragen: Er wird verantwortlich für die Soldaten des Fürstentums, übernimmt die Leitung der Straßenbauverwaltung, ist zuständig für das Silber- und Kupferbergwerk bei Ilmenau und leitet die Finanzbehörde. Daneben beschäftigt sich Goethe mit geologischen, mineralogischen und naturwissenschaftlichen Problemen und Fragestellungen. Vor allem aber beginnt er in den ersten Weimarer Jahren das Schauspiel *Iphigenie auf Tauris*, einen antiken Sagenstoff, dichterisch zu gestalten, in dem er den Widerstreit zwischen barbarischer Grausamkeit und griechischem Schicksalsglauben durch den Edelmut der weiblichen Hauptfigur versöhnt.

Einen großen Einfluss auf seine persönliche, aber auch auf seine dichterische Entwicklung hat seine Freundschaft mit Charlotte von Stein.

1786 bis 1788   Goethe gerät in eine Lebenskrise und verlässt – von Karlsbad aus – „heimlich" und „fluchtartig" Weimar. Er tritt eine fast zweijährige Reise nach Italien an. Der Aufenthalt in Rom und in anderen Gegenden Italiens bewirkt bei Goethe eine neue Sicht auf Kunst und Leben und gibt ihm neue Impulse für seine literarischen Tätigkeiten und Ambitionen. So schreibt er das Drama *Iphigenie* in Verse um, vollendet das Trauerspiel *Egmont*, das den Helden des niederländischen Freiheitskampfes im 16. Jahrhundert in den Mittelpunkt stellt, und behandelt im *Torquato Tasso* am Beispiel dieses italienischen Renaissance-Dichters den auch Goethe selbst quällenden Widerspruch zwischen Künstler und politischem Machtmensch. Sein großer Freundeskreis in Rom besteht zum überwiegenden Teil aus Künstlern, u.a. gehört der Maler Tischbein zu seinen Bekannten.

1788   Goethe kehrt nach Weimar zurück. Er engagiert sich aber nicht mehr so stark für die politischen und regierungsamtlichen Aufgaben im Dienste des Herzogs wie vor der Reise nach Italien. Sein Interesse gilt den wissenschaftlichen und künstlerischen Institutionen in Weimar. Er gründet und leitet das Weimarer Hoftheater. Naturwissenschaftliche Studien nehmen einen bedeutsamen Teil seiner Tätigkeiten ein.

Goethe lebt mit Christiane Vulpius, einer jungen Frau aus kleinbürgerlichen Verhältnissen, zusammen. 1789 wird der Sohn August geboren. Kreise der Weimarer Hofgesellschaft missbilligen die Liaison, die erst 1806 durch Heirat legitimiert wird; es kommt zum Bruch mit Frau von Stein.

Auch in Deutschland wird das Jahrhundertereignis der Französischen Revolution intensiv diskutiert und beobachtet. Goethe nimmt gegenüber den umwälzenden politischen Vorgängen im Nachbarland eine eher distanziert kritische Haltung ein.

1794 bis 1805   Dieses Jahrzehnt in Goethes Schaffen wird vorrangig durch seine Freundschaft mit Schiller (1759–1805) geprägt. Die Balladen, die beide schreiben, sind nur *ein* Ergebnis ihrer engen freundschaftlichen Zusammenarbeit. Ein anderes ist die gemeinsame Theaterarbeit. Um und nach 1800 entstehen Schillers große Dramen *Maria Stuart* und *Wilhelm Tell*.

Weimar wird kultureller Mittelpunkt in Deutschland. Viele Schriftsteller, Maler, Philosophen, Naturwissenschaftler leben und arbeiten dort um an der kulturellen Aufbruchstimmung der kleinen Stadt teilzuhaben.

Schillers Tod 1805 trifft Goethe sehr und wird von ihm auch als das Ende einer wichtigen Epoche seines Lebens verstanden.

1805 bis 1832	Goethes letzter Lebensabschnitt ist weiterhin durch große schriftstellerische Schaffenskraft gekennzeichnet. 1806 wird *Faust I* fertig gestellt, ein in sich abgeschlossenes Drama, das zusammen mit dem erst nach Goethes Tod veröffentlichten *Zweiten Teil* das bedeutendste Werk des Dichters darstellt. Die alte Erzählung vom Magier Johann Faust, der sich mit dem Teufel verbindet um tiefere Erkenntnis zu erlangen, wird von der Gelehrten- und Liebestragödie zum großen Welt- und Menschheitsdrama ausgeweitet. Ein Werk, das Goethe für besonders wichtig erachtet, ist die Schrift *Zur Farbenlehre* (1810), die Zusammenfassung seiner vielfältigen naturwissenschaftlichen Studien. Es entsteht ein berühmter Gedicht-Zyklus: *Westöstlicher Divan* (1819). Die Romane *Die Wahlverwandtschaften* und *Wilhelm Meisters Wanderjahre* werden veröffentlicht. *Dichtung und Wahrheit*, eine Art Autobiografie, und *Die Italienische Reise* entstehen.
1832	Goethe stirbt am 22. März in Weimar.

Joseph Friedrich August Darbes Johann Wolfgang Goethe (Ölgemälde, 1785)

GÖTZ VON BERLICHINGEN
mit der eisernen Hand

Ein Schauspiel

Personen

KAISER MAXIMILIAN[1]
GÖTZ VON BERLICHINGEN
ELISABETH, seine Frau
MARIA, seine Schwester
KARL, sein Söhnchen
GEORG, sein Bube[2]
BISCHOF VON BAMBERG
WEISLINGEN ⎫
ADELHEID VON WALLDORF ⎬ an des Bischofs Hofe
LIEBETRAUT ⎭
ABT VON FULDA
OLEARIUS, beider Rechte Doktor[3]
BRUDER MARTIN
HANS VON SELBITZ
FRANZ VON SICKINGEN[4]
LERSE
FRANZ, Weislingens Bube
Kammerfräulein der Adelheid
METZLER, SIEVERS, LINK, KOHL, WILD, Anführer der rebellischen Bauern
Hoffrauen, Hofleute, am Bamberg'schen Hofe
Kaiserliche Räte
Ratsherrn von Heilbronn
Richter des heimlichen Gerichts[5]
Zwei Nürnberger Kaufleute

---

1 *Kaiser Maximilian:* Maximilian I., geboren 1459, zum König gewählt 1486, noch zu Lebzeiten seines Vaters, Kaiser Friedrichs III., dem er 1493 auf den Thron folgt, nimmt 1508 den Titel „Erwählter Römischer Kaiser" an, gestorben 1519
2 *Bube:* Knappe, Diener
3 *beider Rechte Doktor:* Doctor iuris utriusque, nämlich des kirchlichen (kanonischen) und des weltlichen Rechts
4 *Franz von Sickingen (1481 – 1523):* Reichsritter, Anhänger von Humanismus und Reformation, kämpfte in Fehden und Aufständen vor allem gegen die geistlichen Fürstentümer; Goethe macht ihn zum Schwager Götz von Berlichingens.
5 *Richter des heimlichen Gerichts:* Femgericht, das ohne feste Verhandlungsnorm nur auf Freispruch oder Tod erkannte

MAX STUMPF, Pfalzgräflicher Diener
Ein Unbekannter
Brautvater ⎫
            ⎬ Bauern
Bräutigam ⎭
Berliching'sche, Weisling'sche, Bamberg'sche Reiter
Hauptleute, Offiziere, Knechte von der Reichsarmee
Schenkwirt
Gerichtsdiener
Heilbronner Bürger
Stadtwache
Gefängniswärter
Bauern
Zigeunerhauptmann
Zigeuner, Zigeunerinnen

Jürgen Watzke als Götz (alle Szenenfotos: *Götz*-Inszenierung der Burgfestspiele/Jagsthausen. Premiere: 12.6.1997; Regie: Alois-Michael Heigl; Bühnenbild und Kostüme: Andreas Herrmann; Musik: Alfons Nowacki)

Erster Akt

Schwarzenberg in Franken
Herberge

Metzler, Sievers am Tische. Zwei Reitersknechte beim Feuer. Wirt.

SIEVERS. Hänsel, noch ein Glas Branntwein und mess christlich.
WIRT. Du bist der Nimmersatt.
METZLER *leise zu Sievers.* Erzähl das noch einmal vom Berlichingen! Die Bamberger dort ärgern sich, sie möchten schwarz werden.
SIEVERS. Bamberger? Was tun *die* hier?
METZLER. Der Weislingen ist oben auf'm Schloss beim Herrn Grafen schon zwei Tage; dem haben sie das Gleit[1] geben. Ich weiß nicht, wo er herkommt; sie warten auf ihn; er geht zurück nach Bamberg.
SIEVERS. Wer ist der Weislingen?
METZLER. Des Bischofs rechte Hand, ein gewaltiger Herr, der dem Götz auch auf'n Dienst lauert[2].
SIEVERS. Er mag sich in Acht nehmen.
METZLER *leise.* Nur immer zu! *Laut.* Seit wann hat denn der Götz wieder Händel mit dem Bischof von Bamberg? Es hieß ja, alles wäre vertragen[3] und geschlichtet.
SIEVERS. Ja, vertrag du mit den Pfaffen! Wie der Bischof sah, er richt nichts aus und zieht immer den Kürzern, kroch er zum Kreuz[4] und war geschäftig, dass der Vergleich zu Stand käm. Und der getreuherzige Berlichingen gab unerhört[5] nach, wie er immer tut, wenn er im Vorteil ist.
METZLER. Gott erhalt ihn! Ein rechtschaffener Herr!
SIEVERS. Nun denk, ist das nicht schändlich? Da werfen sie ihm einen Buben nieder[6], da[7] er sich nichts weniger versieht[8]. Wird sie aber schon wieder dafür lausen!
METZLER. Es ist doch dumm, dass ihm der letzte Streich missglückt ist! Er wird sich garstig erbost haben.
SIEVERS. Ich glaub nicht, dass ihn lang was[9] so verdrossen hat. Denk auch: Alles war aufs Genaueste verkundschaft[10], wann der Bischof aus dem Bad käm, mit wie viel

---

1 *Gleit:* Geleit
2 *auf'n Dienst lauern:* das Verhalten (ursprünglich von Dienern) genau beobachten
3 *vertragen:* durch Vertrag beigelegt
4 *kroch er zum Kreuz:* gab er nach
5 *unerhört:* ohne Anhörung
6 *werfen … nieder:* setzen … gefangen
7 *da:* als
8 *versieht:* vorsieht
9 *lang was:* seit Langem etwas
10 *verkundschaft:* ausgekundschaftet

Reitern, welchen Weg; und wenn's nicht wär durch falsche Leut verraten worden, wollt er ihm das Bad gesegnet und ihn ausgerieben haben[1].
ERSTER REITER. Was räsoniert[2] ihr von unserm Bischof? Ich glaub, ihr sucht Händel.
SIEVERS. Kümmert euch um eure Sachen! Ihr habt an unserm Tisch nichts zu suchen.
ZWEITER REITER. Wer heißt euch von unserm Bischof despektierlich[3] reden?
SIEVERS. Hab ich euch Red und Antwort zu geben? Seht doch den Fratzen[4]!
ERSTER REITER *schlägt ihn hinter die Ohren.*
METZLER. Schlag den Hund tot!
Sie fallen übereinander her.
ZWEITER REITER. Komm her, wenn du's Herz hast.
WIRT *reißt sie voneinander.* Wollt ihr Ruh haben! Tausend Schwerenot[5]! Schert euch 'naus, wenn ihr was auszumachen habt. In meiner Stub soll's ehrlich und ordentlich zugehen. *Schiebt die Reiter zur Tür hinaus.* Und ihr Esel, was fanget ihr an?
METZLER. Nur nit viel geschimpft, Hänsel, sonst kommen wir dir über die Glatze. Komm, Kamerad, wollen die draußen bläuen[6].
Zwei Berling'sche Reiter kommen.
ERSTER REITER. Was gibt's da?
SIEVERS. Ei guten Tag, Peter! Veit, guten Tag! Woher?
ZWEITER REITER. Dass du dich nit unterstehst zu verraten, wem wir dienen.
SIEVERS *leise.* Da ist euer Herr Götz wohl auch nit weit?
ERSTER REITER. Halt dein Maul! Habt ihr Händel?
SIEVERS. Ihr seid den Kerls begegnet draußen, sind Bamberger.
ERSTER REITER. Was tun die hier?
METZLER. Der Weislingen ist droben auf'm Schloss, beim gnädigen Herrn, den haben sie geleit.
ERSTER REITER. Der Weislingen?
ZWEITER REITER *leise.* Peter! das ist ein gefunden Fressen! *Laut.* Wie lang ist er da?
METZLER. Schon zwei Tage. Aber er will heut noch fort, hört ich einen von den Kerls sagen.
ERSTER REITER *leise.* Sagt ich dir nicht, er wär daher! Hätten wir dort drüben eine Weile passen[7] können. Komm, Veit.
SIEVERS. Helft uns doch erst die Bamberger ausprügeln.
ZWEITER REITER. Ihr seid ja auch zu zwei. Wir müssen fort. Adies[8]! *Ab.*

---

1 *ihm das Bad ... haben:* ihn tüchtig verprügelt haben, vgl.: jemandem eine Abreibung verpassen
2 *räsoniert:* schwatzt, lästert, schimpft
3 *despektierlich:* verächtlich
4 *Fratzen:* Narren
5 *Tausend Schwerenot!:* Fluch. Schwere Not war jede schlimme Krankheit, vor allem die Fallsucht (Epilepsie).
6 *bläuen:* prügeln
7 *passen:* abwarten
8 *Adies:* Adieu, seid Gott befohlen.

SIEVERS. Scheißkerle[1] die Reiter! wann man sie nit bezahlt, tun sie dir keinen Streich.
METZLER. Ich wollt schwören, sie haben einen Anschlag. Wem dienen sie?
SIEVERS. Ich soll's nit sagen. Sie dienen dem Götz.
METZLER. So! Nun wollen wir über die draußen. Komm! solang ich einen Bengel[2] hab, fürcht ich ihre Bratspieße nicht.
SIEVERS. Dürften wir nur so einmal an die Fürsten, die uns die Haut über die Ohren ziehen.

Herberge im Wald

GÖTZ *vor der Tür unter der Linde.* Wo meine Knechte bleiben! Auf und ab muss ich gehen, sonst übermannt mich der Schlaf. Fünf Tag und Nächte schon auf der Lauer. Es wird einem sauer gemacht, das bisschen Leben und Freiheit. Dafür, wenn ich dich habe, Weislingen, will ich mir's wohl sein lassen. *Schenkt ein.* Wieder leer! Georg! Solang's daran nicht mangelt und an frischem Mut, lach ich der Fürsten Herrschsucht und Ränke. – Georg! – Schickt ihr nur euern gefälligen Weislingen herum zu Vettern und Gevattern, lasst mich anschwärzen. Nur immer zu. Ich bin wach. Du warst mir entwischt, Bischof! So mag denn dein lieber Weislingen die Zeche bezahlen. – Georg! Hört der Junge nicht? Georg! Georg!
DER BUBE *im Panzer eines Erwachsenen.* Gestrenger Herr!
GÖTZ. Wo stickst[3] du? Hast du geschlafen? Was zum Henker treibst du für Mummerei[4]? Komm her, du siehst gut aus. Schäm dich nicht, Junge. Du bist brav! Ja, wenn du ihn ausfülltest! Es ist Hansens Kürass[5]?
GEORG. Er wollt ein wenig schlafen und schnallt' ihn aus.
GÖTZ. Er ist bequemer als sein Herr.
GEORG. Zürnt nicht. Ich nahm ihn leise weg und legt ihn an und holte meines Vaters altes Schwert von der Wand, lief auf die Wiese und zog's aus.
GÖTZ. Und hiebst um dich herum? Da wird's den Hecken und Dornen gut gegangen sein. Schläft Hans?
GEORG. Auf Euer Rufen sprang er auf und schrie mir, dass Ihr rieft. Ich wollt den Harnisch ausschnallen, da hört ich Euch zwei-, dreimal.
GÖTZ. Geh! bring ihm seinen Panzer wieder und sag ihm, er soll bereit sein, soll nach den Pferden sehen.
GEORG. Die hab ich recht ausgefüttert und wieder aufgezäumt. Ihr könnt aufsitzen, wann Ihr wollt.

---

1 *Scheißkerle:* Goethe hat den Kraftausdruck erst 1787 in Band 2 der Ausgabe seiner Schriften in „Lumpenhunde" abgemildert.
2 *Bengel:* Knüppel
3 *stickst:* steckst
4 *Mummerei:* Vermummung, Maskerade
5 *Kürass:* Lederpanzer

GÖTZ. Bring mir einen Krug Wein, gib Hansen auch ein Glas, sag ihm, er soll munter sein, es gilt. Ich hoffe jeden Augenblick, meine Kundschafter sollen zurückkommen.
GEORG. Ach gestrenger Herr!
GÖTZ. Was hast du?
GEORG. Darf ich nicht mit?
GÖTZ. Ein andermal, Georg, wann[1] wir Kaufleute fangen und Fuhren wegnehmen[2].
GEORG. Ein andermal, das habt Ihr schon oft gesagt. O diesmal! diesmal! Ich will nur hintendreinlaufen, nur auf der Seite lauern. Ich will Euch die verschossenen Bolzen wiederholen.
GÖTZ. Das nächste Mal, Georg. Du sollst erst ein Wams haben, eine Blechhaube und einen Spieß.
GEORG. Nehmt mich mit! Wär ich letzt[3] dabei gewesen, Ihr hättet die Armbrust nicht verloren.
GÖTZ. Weißt du das?
GEORG. Ihr warft sie dem Feind an Kopf und einer von den Fußknechten hob sie auf; weg war sie! Gelt ich weiß?
GÖTZ. Erzählen dir das meine Knechte?
GEORG. Wohl. Dafür pfeif ich ihnen auch, wann wir die Pferde striegeln, allerlei Weisen und lerne sie allerlei lustige Lieder.
GÖTZ. Du bist ein braver[4] Junge.
GEORG. Nehmt mich mit, dass ich's zeigen kann!
GÖTZ. Das nächste Mal, auf mein Wort. Unbewaffnet wie du bist, sollst du nicht in Streit. Die künftigen Zeiten brauchen auch Männer. Ich sage dir, Knabe, es wird eine teure Zeit werden: Fürsten werden ihre Schätze bieten um einen Mann, den sie jetzt hassen. Geh, Georg, gib Hansen seinen Küraß wieder und bring mir Wein. *Georg ab.* Wo meine Knechte bleiben! Es ist unbegreiflich. Ein Mönch! Wo kommt der noch her?

---

1 *wann:* wenn
2 *Kaufleute fangen und Fuhren wegnehmen:* Viele kleinere Ritter waren am Ende des Mittelalters ohne Existenzgrundlage, da nach Erfindung der Feuerwaffen ihre Kriegsdienste immer weniger gefragt waren und der Grundbesitz nicht ausreichte. Die aufstrebenden Kräfte stützten ihre Macht auf Geldeinnahmen. Geistliche und weltliche Landesherren hatten neben den grundherrlichen Abgaben Einkünfte aus Steuern, Zöllen und Bergwerken, das städtische Bürgertum Gewinne aus Fernhandel und Geldgeschäften. Sie hielten Söldnertruppen um sich vor allem gegen Strauch- und Raubritter zu schützen, zu denen viele der einst edlen Kämpfer wie Götz verkommen waren. Um Geld und Waren von Kaufleuten „rechtmäßig" erbeuten zu können haben die Ritter oft unter einem Vorwand vorher einer Stadt die Fehde angekündigt. Begehrt war vor allem das Lösegeld für die Freilassung der überfallenen Personen.
3 *letzt:* neulich, beim letzten Mal
4 *brav:* tapfer, mutig

Götz (Jürgen Watzke) und Bruder Martin (Peter Houska)

Bruder Martin kommt.
GÖTZ. Ehrwürdiger Vater[1], guten Abend! woher so spät? Mann der heiligen Ruhe, Ihr beschämt viel Ritter.
MARTIN. Dank Euch, edler Herr! Und bin vor der Hand nur demütiger Bruder, wenn's ja Titel sein soll. Augustin mit meinem Klosternamen, doch hör ich am liebsten Martin, meinen Taufnamen.
GÖTZ. Ihr seid müde, Bruder Martin, und ohne Zweifel durstig! *Der Bub kommt.* Da kommt der Wein eben recht.
MARTIN. Für mich einen Trunk Wasser. Ich darf keinen Wein trinken.
GÖTZ. Ist das Euer Gelübde?
MARTIN. Nein, gnädiger Herr, es ist nicht wider mein Gelübde, Wein zu trinken; weil aber der Wein wider mein Gelübde ist, so trinke ich keinen Wein.
GÖTZ. Wie versteht Ihr das?
MARTIN. Wohl Euch, dass Ihr's nicht versteht. Essen und trinken, mein ich, ist des Menschen Leben.
GÖTZ. Wohl!
MARTIN. Wenn Ihr gegessen und getrunken habt, seid Ihr wie neu geboren; seid stärker, mutiger, geschickter zu Eurem Geschäft. Der Wein erfreut des Menschen

---

1 *Vater:* Götz spricht den Mönch – um ihm zu schmeicheln oder versehentlich – als Pater (Priestermönch) an, dieser weist aber darauf hin, dass er nur Laienbruder ist.

Herz und die Freudigkeit ist die Mutter aller Tugenden. Wenn Ihr Wein getrunken habt, seid Ihr alles doppelt, was Ihr sein sollt, noch einmal so leicht denkend, noch einmal so unternehmend, noch einmal so schnell ausführend.
GÖTZ. Wie ich ihn trinke, ist es wahr.
MARTIN. Davon red ich auch. Aber wir –
Georg mit Wasser.
GÖTZ *zu Georg heimlich.* Geh auf den Weg nach Dachsbach[1] und leg dich mit dem Ohr auf die Erde, ob du nicht Pferde kommen hörst, und sei gleich wieder hier.
MARTIN. Aber wir, wenn wir gegessen und getrunken haben, sind wir grad das Gegenteil von dem, was wir sein sollen. Unsere schläfrige Verdauung stimmt den Kopf nach dem Magen und in der Schwäche einer überfüllten Ruhe erzeugen sich Begierden, die ihrer Mutter leicht über den Kopf wachsen.
GÖTZ. Ein Glas, Bruder Martin, wird Euch nicht im Schlaf stören. Ihr seid heute viel gegangen. *Bringt's ihm*[2]. Alle Streiter!
MARTIN. In Gottes Namen! *Sie stoßen an.* Ich kann die müßigen Leute nicht ausstehen; und doch kann ich nicht sagen, dass alle Mönche müßig sind; sie tun, was sie können. Da komm ich von St. Veit, wo ich die letzte Nacht schlief. Der Prior führte mich in den Garten; das ist nun ihr Bienenkorb. Vortrefflicher Salat! Kohl nach Herzens Lust! und besonders Blumenkohl und Artischocken, wie keine in Europa!
GÖTZ. Das ist also Eure Sache nicht. *Er steht auf, sieht nach dem Jungen und kommt wieder.*
MARTIN. Wollte, Gott hätte mich zum Gärtner oder Laboranten[3] gemacht! ich könnte glücklich sein. Mein Abt liebt mich, mein Kloster ist Erfurt in Sachsen; er weiß, ich kann nicht ruhn; da schickt er mich herum, wo was zu betreiben ist. Ich geh zum Bischof von Konstanz.
GÖTZ. Noch eins! Gute Verrichtung!
MARTIN. Gleichfalls.
GÖTZ. Was seht Ihr mich so an, Bruder?
MARTIN. Dass ich in Euern Harnisch verliebt bin.
GÖTZ. Hättet Ihr Lust zu einem? Es ist schwer und beschwerlich ihn zu tragen.
MARTIN. Was ist nicht beschwerlich auf dieser Welt! und mir kommt nichts beschwerlicher vor als nicht Mensch sein dürfen. Armut, Keuschheit und Gehorsam[4] – drei Gelübde, deren jedes einzeln betrachtet der Natur das Unausstehlichste scheint, so unerträglich sind sie alle. Und sein ganzes Leben unter dieser Last oder der weit drückendern Bürde des Gewissens mutlos zu keuchen! O Herr! was sind die Mühseligkeiten Eures Lebens, gegen die Jämmerlichkeiten

---

1 *Dachsbach:* Dorf in Mittelfranken
2 *Bringt's ihm:* Prostet ihm zu
3 *Laborant:* Sammler von Heilkräutern
4 *Armut, Keuschheit und Gehorsam:* die drei Mönchsgelübde, die von den Angehörigen aller Orden abgelegt werden müssen, wobei der Gehorsam vom Abt eingefordert wird

eines Standes, der die besten Triebe, durch die wir werden, wachsen und gedeihen, aus missverstandener Begierde Gott näher zu rücken, verdammt?
GÖTZ. Wär Euer Gelübde nicht so heilig, ich wollte Euch bereden einen Harnisch anzulegen, wollt Euch ein Pferd geben und wir zögen miteinander.
MARTIN. Wollte Gott, meine Schultern fühlten Kraft den Harnisch zu ertragen und mein Arm Stärke einen Feind vom Pferd zu stechen! – Arme schwache Hand, von jeher gewohnt Kreuze und Friedensfahnen zu führen und Rauchfässer zu schwingen, wie wolltest du Lanze und Schwert regieren! Meine Stimme, nur zu Ave und Halleluja gestimmt, würde dem Feind ein Herold meiner Schwäche sein, wenn ihn die Eurige überwältigte. Kein Gelübde sollte mich abhalten wieder in den Orden zu treten, den mein Schöpfer selbst gestiftet hat!
GÖTZ. Glückliche Wiederkehr!
MARTIN. Das trinke ich nur für Euch. Wiederkehr in meinen Käfig ist allemal unglücklich. Wenn Ihr wiederkehrt, Herr, in Eure Mauern, mit dem Bewusstsein Eurer Tapferkeit und Stärke, der keine Müdigkeit etwas anhaben kann, Euch zum ersten Mal nach langer Zeit, sicher vor feindlichem Überfall, entwaffnet auf Euer Bette streckt und Euch nach dem Schlaf dehnt, der Euch besser schmeckt als mir der Trunk nach langem Durst: da könnt Ihr von Glück sagen!
GÖTZ. Dafür kommt's auch selten.
MARTIN *feuriger*. Und ist, wenn's kommt, ein Vorschmack des Himmels. – Wenn Ihr zurückkehrt, mit der Beute Eurer Feinde beladen, und Euch erinnert: Den stach ich vom Pferd, eh er schießen konnte, und den rannt ich samt dem Pferde nieder, und dann reitet Ihr zu Euerm Schloss hinauf und –
GÖTZ. Was meint Ihr?
MARTIN. Und Eure Weiber! *Er schenkt ein.* Auf Gesundheit Eurer Frau! *Er wischt sich die Augen.* Ihr habt doch eine?
GÖTZ. Ein edles vortreffliches Weib!
MARTIN. Wohl dem, der ein tugendsam Weib hat! des lebt er noch eins so lange. Ich kenne keine Weiber und doch war die Frau die Krone der Schöpfung!
GÖTZ *vor sich.* Er dauert mich! Das Gefühl seines Standes frisst ihm das Herz.
GEORG *gesprungen.* Herr! ich höre Pferde im Galopp! Zwei! Es sind sie gewiss.
GÖTZ. Führ mein Pferd heraus! Hans soll aufsitzen. – Lebt wohl, teurer Bruder, Gott geleit Euch! Seid mutig und geduldig. Gott wird Euch Raum geben.
MARTIN. Ich bitt um Euern Namen.
GÖTZ. Verzeiht mir. Lebt wohl! *Er reicht ihm die linke Hand.*
MARTIN. Warum reicht Ihr mir die Linke? Bin ich die ritterliche Rechte nicht wert?
GÖTZ. Und wenn Ihr der Kaiser wärt, Ihr müsstet mit dieser vorlieb nehmen. Meine Rechte, obgleich im Kriege nicht unbrauchbar, ist gegen den Druck der Liebe unempfindlich: sie ist eins mit ihrem Handschuh; Ihr seht, er ist Eisen.
MARTIN. So seid Ihr Götz von Berlichingen! Ich danke dir, Gott, dass du mich ihn hast sehen lassen, diesen Mann, den die Fürsten hassen und zu dem die Bedräng-

ten sich wenden! *Er nimmt ihm die rechte Hand.* Lasst mir diese Hand, lasst mich sie küssen!

GÖTZ. Ihr sollt nicht.

MARTIN. Lasst mich! Du, mehr wert als Reliquienhand, durch die das heiligste Blut geflossen ist, totes Werkzeug, belebt durch des edelsten Geistes Vertrauen auf Gott!

GÖTZ *setzt den Helm auf und nimmt die Lanze.*

MARTIN. Es war ein Mönch bei uns vor Jahr und Tag, der Euch besuchte, wie sie Euch abgeschossen ward vor Landshut. Wie er uns erzählte, was Ihr littet und wie sehr es Euch schmerzte, zu Eurem Beruf verstümmelt zu sein, und wie Euch einfiel, von einem gehört zu haben der auch nur *eine* Hand hatte und als tapferer Reitersmann doch noch lange diente – ich werde das nie vergessen.

Die zwei Knechte kommen.

GÖTZ *zu ihnen. Sie reden heimlich.*

MARTIN *fährt inzwischen fort.* Ich werde das nie vergessen, wie er im edelsten einfältigsten Vertrauen auf Gott sprach: „Und wenn ich zwölf Händ hätte und deine Gnad wollt mir nicht, was würden sie mir fruchten? So kann ich mit *einer*" –

GÖTZ. In den Haslacher Wald[1] also. *Kehrt sich zu Martin.* Lebt wohl, werter Bruder Martin. *Küsst ihn.*

MARTIN. Vergesst mich nicht, wie ich Euch nicht vergesse.

Götz ab.

MARTIN. Wie mir's so eng ums Herz ward, da ich ihn sah. Er redete nichts und mein Geist konnte doch den seinigen unterscheiden[2]. Es ist eine Wollust, einen großen Mann zu sehn.

GEORG. Ehrwürdiger Herr, Ihr schlaft doch bei uns?

MARTIN. Kann ich ein Bett haben?

GEORG. Nein, Herr! ich kenne Betten nur vom Hörensagen, in unsrer Herberg ist nichts als Stroh.

MARTIN. Auch gut. Wie heißt du?

GEORG. Georg, ehrwürdiger Herr!

MARTIN. Georg! da hast du einen tapfern Patron[3].

GEORG. Sie sagen, er sei ein Reiter gewesen; das will ich auch sein.

MARTIN. Warte! *Zieht ein Gebetbuch hervor und gibt dem Buben einen Heiligen.* Da hast du ihn. Folge seinem Beispiel, sei brav und fürchte Gott! *Martin geht.*

GEORG. Ach, ein schöner Schimmel! wenn ich einmal so einen hätte! und die goldene Rüstung! – Das ist ein garstiger Drach – Jetzt schieß ich nach Sperlingen – Heiliger Georg! mach mich groß und stark, gib mir so eine Lanze, Rüstung und Pferd, dann lass mir die Drachen kommen!

---

1 *Haslacher Wald:* in Mittelfranken bei Neustadt a. d. Aisch
2 *unterscheiden:* erkennen
3 *Georg … Patron:* Der hl. Georg, ein Märtyrer des 4. Jahrhunderts, gehört zu den 14 Nothelfern. Sein Kampf mit dem Drachen ist Thema vieler Legenden und bildlicher Darstellungen, deshalb wurde er auch Schutzheiliger der mittelalterlichen Ritterschaft.

Jagsthausen. Götzens Burg

Elisabeth. Maria. Karl, sein Söhnchen.

KARL. Ich bitte dich, liebe Tante, erzähl mir das noch einmal vom frommen Kind, s' is gar zu schön.
MARIA. Erzähl du mir's, kleiner Schelm, da will ich hören, ob du Acht gibst.
KARL. Wart e bis[1], ich will mich bedenken. – Es war einmal – ja – es war einmal ein Kind und sein Mutter war krank, da ging das Kind hin –
MARIA. Nicht doch. Da sagte die Mutter: „Liebes Kind" –
KARL. „Ich bin krank" –
MARIA. „Und kann nicht ausgehn" –
KARL. Und gab ihm Geld und sagte: „Geh hin und hol dir ein Frühstück." Da kam ein armer Mann –
MARIA. Das Kind ging, da begegnet' ihm ein alter Mann, der war – nun Karl!
KARL. Der war – alt –
MARIA. Freilich! der kaum mehr gehen konnte, und sagte: „Liebes Kind" –
KARL. „Schenk mir was, ich habe kein Brot gessen gestern und heut." Da gab ihm's Kind das Geld –
MARIA. Das für sein Frühstück sein sollte.
KARL. Da sagte der alte Mann –
MARIA. Da nahm der alte Mann das Kind –
KARL. Bei der Hand und sagte – und ward ein schöner glänzender Heiliger und sagte: – „Liebes Kind" –
MARIA. „Für deine Wohltätigkeit belohnt dich die Mutter Gottes durch mich: Welchen Kranken du anrührst" –
KARL. „Mit der Hand" – es war die rechte, glaub ich.
MARIA. Ja.
KARL. „Der wird gleich gesund."
MARIA. Da lief das Kind nach Haus und konnt für Freuden nichts reden.
KARL. Und fiel seiner Mutter um den Hals und weinte für Freuden –
MARIA. Da rief die Mutter: „Wie ist mir!" und war – nun Karl!
KARL. Und war – und war –
MARIA. Du gibst schon nicht Acht! – und war gesund. Und das Kind kurierte König und Kaiser und wurde so reich, dass es ein großes Kloster bauete.
ELISABETH. Ich kann nicht begreifen, wo mein Herr bleibt. Schon fünf Tag und Nächte, dass er weg ist, und er hoffte so bald seinen Streich auszuführen.
MARIA. Mich ängstigt's lang. Wenn ich so einen Mann haben sollte, der sich immer Gefahren aussetzte, ich stürbe im ersten Jahr.
ELISABETH. Dafür dank ich Gott, dass er mich härter zusammengesetzt hat.
KARL. Aber muss dann der Vater ausreiten, wenn's so gefährlich ist?

1 *Wart e bis:* Warte ein bisschen.

MARIA. Es ist sein guter Wille so.
ELISABETH. Wohl muss er, lieber Karl.
KARL. Warum?
ELISABETH. Weißt du noch, wie er das letzte Mal ausritt, da er dir Weck[1] mitbrachte?
KARL. Bringt er mir wieder mit?
ELISABETH. Ich glaub wohl. Siehst du, da war ein Schneider von Stuttgart, der war ein trefflicher Bogenschütz und hatte zu Köln auf'm Schießen das Beste gewonnen.
KARL. War's viel?
ELISABETH. Hundert Taler. Und darnach[2] wollten sie's ihm nicht geben.
MARIA. Gelt, das ist garstig, Karl?
KARL. Garstige Leut!
ELISABETH. Da kam der Schneider zu deinem Vater und bat ihn, er möchte ihm zu seinem Geld verhelfen. Und da ritt er aus und nahm den Kölnern ein paar Kaufleute weg und plagte sie so lang, bis sie das Geld herausgaben. Wärst du nicht auch ausgeritten?
KARL. Nein! da muss man durch einen dicken, dicken Wald, sind Zigeuner und Hexen drin.
ELISABETH. Ist ein rechter Bursch, fürcht sich vor Hexen!
MARIA. Du tust besser, Karl! leb du einmal auf deinem Schloss als ein frommer christlicher Ritter. Auf seinen eigenen Gütern findet man zum Wohltun Gelegenheit genug. Die rechtschaffensten Ritter begehen mehr Ungerechtigkeit als Gerechtigkeit auf ihren Zügen.
ELISABETH. Schwester, du weißt nicht, was du redst. Gebe nur Gott, dass unser Junge mit der Zeit braver wird und dem Weislingen nicht nachschlägt, der so treulos an meinem Mann handelt.
MARIA. Wir wollen nicht richten, Elisabeth. Mein Bruder ist sehr erbittert, du auch. Ich bin bei der ganzen Sache mehr Zuschauer und kann billiger[3] sein.
ELISABETH. Er ist nicht zu entschuldigen.
MARIA. Was ich von ihm gehört, hat mich eingenommen. Erzählte nicht selbst dein Mann so viel Liebes und Gutes von ihm! Wie glücklich war ihre Jugend, als sie zusammen Edelknaben des Markgrafen[4] waren!
ELISABETH. Das mag sein. Nur sag, was kann der Mensch je Gutes gehabt haben, der seinen besten treusten Freunde nachstellt, seine Dienste den Feinden meines Mannes verkauft und unsern trefflichen Kaiser, der uns so gnädig ist, mit falschen widrigen[5] Vorstellungen einzunehmen sucht.

---

1 *Weck:* süddeutsch: Brötchen von Weißmehl
2 *darnach:* danach
3 *billiger:* gerechter
4 *Markgraf:* Götz war Page beim Markgrafen Friedrich von Ansbach, später bei dessen Sohn Georg. Ein Markgraf steht im Rang zwischen Graf und Herzog.
5 *widrigen:* feindseligen

KARL. Der Vater! der Vater! Der Türner¹ bläst's Liedel: „Heisa, mach's Tor auf."
ELISABETH. Da kommt er mit Beute.
Ein Reiter kommt.
REITER. Wir haben gejagt! wir haben gefangen! Gott grüß Euch, edle Frauen.
ELISABETH. Habt ihr den Weislingen?
REITER. Ihn und drei Reiter.
ELISABETH. Wie ging's zu, dass ihr so lang ausbleibt?
REITER. Wir lauerten auf ihn zwischen Nürnberg und Bamberg, er wollte nicht kommen und wir wussten doch, er war auf dem Wege. Endlich kundschaften wir ihn aus: Er war seitwärts gezogen und saß geruhig beim Grafen auf dem Schwarzenberg.
ELISABETH. Den möchten sie auch gern meinem Mann Feind haben.
REITER. Ich sagt's gleich dem Herrn. Auf! und wir ritten in Haslacher Wald. Und da war's kurios: Wie wir so in die Nacht reiten, hüt' just ein Schäfer da und fallen fünf Wölf in die Herd und packten weidlich² an. Da lachte unser Herr und sagte: „Glück zu, liebe Gesellen! Glück überall und uns auch!" Und es freut' uns all das gute Zeichen. Indem so kommt der Weislingen hergeritten mit vier Knechten.
MARIA. Das Herz zittert mir im Leibe.
REITER. Ich und mein Kamerad, wie's der Herr befohlen hatte, nistelten³ uns an ihn, als wären wir zusammengewachsen, dass er sich nicht regen noch rühren konnte, und der Herr und der Hans fielen über die Knechte her und nahmen sie in Pflicht⁴. Einer ist entwischt.
ELISABETH. Ich bin neugierig ihn zu sehn. Kommen sie bald?
REITER. Sie reiten das Tal herauf, in einer Viertelstund sind sie hier.
MARIA. Er wird niedergeschlagen sein.
REITER. Finster genug sieht er aus.
MARIA. Sein Anblick wird mir im Herzen weh tun.
ELISABETH. Ah! – Ich will gleich das Essen zurechtmachen. Hungrig werdet ihr doch alle sein.
REITER. Rechtschaffen.
ELISABETH. Nimm den Kellerschlüssel und hol vom besten Wein! Sie haben ihn verdient. *Ab.*
KARL. Ich will mit, Tante.
MARIA. Komm, Bursch. *Ab.*
REITER. Der wird nicht sein Vater, sonst ging' er mit in Stall!

---

1 *Türner:* oberdeutsch: Türmer, wie auch öfter Turn statt Turm
2 *weidlich:* tüchtig
3 *nistelten:* hefteten
4 *nahmen sie in Pflicht:* verpflichteten sie durch Eid

Götz, Weislingen, Reitersknechte.
GÖTZ *Helm und Schwert auf den Tisch legend.* Schnallt mir den Harnisch auf und gebt mir mein Wams. Die Bequemlichkeit wird mir wohl tun. Bruder Martin, du sagtest recht – Ihr habt uns in Atem erhalten, Weislingen.
WEISLINGEN *antwortet nichts, auf und ab gehend.*
GÖTZ. Seid gutes Muts. Kommt, entwaffnet Euch. Wo sind Eure Kleider? Ich hoffe, es soll nichts verloren gegangen sein. *Zum Knecht.* Frag seine Knechte und öffnet das Gepäcke und seht zu, dass nichts abhanden komme. Ich könnt Euch auch von den meinigen borgen.
WEISLINGEN. Lasst mich so, es ist all eins.
GÖTZ. Könnt Euch ein hübsches saubres Kleid geben, ist zwar nur leinen. Mir ist's zu eng geworden. Ich hatt's auf der Hochzeit meines gnädigen Herrn des Pfalzgrafen[1] an, eben damals, als Euer Bischof so giftig über mich wurde. Ich hatt' ihm, vierzehn Tag vorher, zwei Schiff auf dem Main niedergeworfen. Und ich geh mit Franzen von Sickingen im Wirtshaus zum Hirsch in Heidelberg die Trepp hinauf. Eh man noch ganz droben ist, ist ein Absatz und ein eisen Geländerlein, da stund[2] der Bischof und gab Franzen die Hand, wie er vorbeiging, und gab sie mir auch, wie ich hintendrein kam. Ich lacht in meinem Herzen und ging zum Landgrafen von Hanau, der mir gar ein lieber Herr war, und sagte: „Der Bischof hat mir die Hand geben, ich wett, er hat mich nicht gekannt." Das hört' der Bischof, denn ich red't laut mit Fleiß[3], und kam zu uns trotzig – und sagte: „Wohl, weil ich Euch nicht kannt hab, gab ich Euch die Hand." Da sagt ich: „Herre, ich merkt's wohl, dass Ihr mich nicht kanntet, und hiermit habt Ihr Eure Hand wieder." Da ward das Männlein so rot am Hals wie ein Krebs vor Zorn und lief in die Stube zu Pfalzgraf Ludwig und dem Fürsten von Nassau und klagt's ihnen. Wir haben nachher uns oft was drüber zugute getan.
WEISLINGEN. Ich wollt, Ihr ließt mich allein.
GÖTZ. Warum das? Ich bitt Euch, seid aufgeräumt[4]. Ihr seid in meiner Gewalt und ich werd sie nicht missbrauchen.
WEISLINGEN. Dafür war mir's noch nicht bange. Das ist Eure Ritterpflicht.
GÖTZ. Und Ihr wisst, dass die mir heilig ist.
WEISLINGEN. Ich bin gefangen; das Übrige ist eins[5].
GÖTZ. Ihr solltet nicht so reden. Wenn Ihr's mit Fürsten zu tun hättet und sie Euch in tiefen Turn an Ketten aufhingen und der Wächter Euch den Schlaf wegpfeifen müsste!
Die Knechte mit den Kleidern.
WEISLINGEN *zieht sich aus und an.*

1 *Pfalzgraf:* Ludwig V. der Friedfertige (1478 – 1544), seit 1508 Pfalzgraf und Kurfürst, war Götz' Lehensherr.
2 *stund:* stand
3 *mit Fleiß:* absichtlich
4 *aufgeräumt:* gut gelaunt
5 *ist eins:* ist gleichgültig

Karl kommt.
KARL. Guten Morgen, Vater!
GÖTZ *küsst ihn.* Guten Morgen, Junge. Wie habt ihr die Zeit gelebt?
KARL. Recht geschickt, Vater! Die Tante sagt: Ich sei recht geschickt.
GÖTZ. So!
KARL. Hast du mir was mitgebracht?
GÖTZ. Diesmal nicht.
KARL. Ich hab viel gelernt.
GÖTZ. Ei!
KARL. Soll ich dir vom frommen Kind erzählen?
GÖTZ. Nach Tische.
KARL. Ich weiß noch was.
GÖTZ. Was wird das sein?
KARL. Jagsthausen ist ein Dorf und Schloss an der Jagst, gehört seit zweihundert Jahren den Herrn von Berlichingen erb- und eigentümlich zu.
GÖTZ. Kennst du den Herrn von Berlichingen?
KARL *sieht ihn starr an.*
GÖTZ *vor sich.* Er kennt wohl vor lauter Gelehrsamkeit seinen Vater nicht. – Wem gehört Jagsthausen?
KARL. Jagsthausen ist ein Dorf und Schloss an der Jagst.
GÖTZ. Das frag ich nicht. – Ich kannte alle Pfade, Weg und Furten, eh ich wusste, wie Fluss, Dorf und Burg hieß. – Die Mutter ist in der Küche?
KARL. Ja, Vater! Sie kocht weiße Rüben und ein Lammsbraten.
GÖTZ. Weißt du's auch, Hans Küchenmeister?
KARL. Und für mich zum Nachtisch hat die Tante einen Apfel gebraten.
GÖTZ. Kannst du sie nicht roh essen?
KARL. Schmeckt so besser.
GÖTZ. Du musst immer was Apartes[1] haben. – Weislingen! ich bin gleich wieder bei Euch. Ich muss meine Frau doch sehn. Komm mit, Karl.
KARL. Wer ist der Mann?
GÖTZ. Grüß ihn. Bitt ihn, er soll lustig sein.
KARL. Da, Mann! hast du eine Hand, sei lustig, das Essen ist bald fertig.
WEISLINGEN *hebt ihn in die Höh und küsst ihn.* Glückliches Kind! das kein Übel kennt, als wenn die Suppe lang ausbleibt. Gott lass Euch viel Freud am Knaben erleben, Berlichingen.
GÖTZ. Wo viel Licht ist, ist starker Schatten – doch wär mir's willkommen. Wollen sehn, was es gibt.
Sie gehn.
WEISLINGEN. O dass ich aufwachte! und das alles wäre ein Traum! In Berlichingens Gewalt! von dem ich mich losgearbeitet habe, dessen Andenken ich mied wie Feuer, den ich hoffte zu überwältigen! Und er – der alte treuherzige Götz! Heili-

---

1 *was Apartes:* etwas Besonderes

ger Gott, was will, will aus dem allen werden? Rückgeführt, Adelbert, in den Saal! wo wir als Buben unsere Jagd trieben – da du ihn liebtest, an ihm hingst, wie an deiner Seele. Wer kann ihm nahen und ihn hassen? Ach! ich bin so ganz nichts hier! Glückselige Zeiten, ihr seid vorbei, da noch der alte Berlichingen am Kamin saß, da wir um ihn durcheinander spielten und uns liebten wie die Engel. Wie wird sich der Bischof ängstigen und meine Freunde. Ich weiß, das ganze Land nimmt teil an meinem Unfall[1]. Was ist's! Können sie mir geben, wornach ich strebe?

GÖTZ *mit einer Flasche Wein und Becher.* Bis das Essen fertig wird, wollen wir Wein trinken. Kommt, setzt Euch, tut, als wenn Ihr zu Hause wärt! Denkt, Ihr seid einmal wieder beim Götz. Haben doch lange nicht beisammengesessen, lang keine Flasche miteinander ausgestochen[2]. *Bringt's ihm.* Ein fröhlich Herz!

WEISLINGEN. Die Zeiten sind vorbei.

GÖTZ. Behüte Gott! Zwar vergnügtere Tage werden wir wohl nicht wieder finden als an des Markgrafen Hof, da wir noch beisammenschliefen und miteinander umherzogen. Ich erinnere mich mit Freuden meiner Jugend. Wisst Ihr noch, wie ich mit dem Polacken Händel kriegte, dem ich sein gepicht und gekräuselt Haar[3] von ungefähr mit dem Ärmel verwischte?

WEISLINGEN. Es war bei Tische und er stach nach Euch mit dem Messer.

GÖTZ. Den schlug ich wacker aus[4] dazumal und darüber wurdet Ihr mit seinem Kameraden zu Unfried[5]. Wir hielten immer redlich zusammen als gute brave Jungen, dafür erkennte uns auch jedermann. *Schenkt ein und bringt's.* Kastor und Pollux[6]! Mir tat's immer im Herzen wohl, wenn uns der Markgraf so nannte.

WEISLINGEN. Der Bischof von Würzburg hatte es aufgebracht.

GÖTZ. Das war ein gelehrter Herr, und dabei so leutselig. Ich erinnere mich seiner, solange ich lebe, wie er uns liebkoste, unsere Eintracht lobte und den Menschen glücklich pries, der ein Zwillingsbruder seines Freundes wäre.

WEISLINGEN. Nichts mehr davon!

GÖTZ. Warum nicht? Nach der Arbeit wüsst ich nichts Angenehmers, als mich des Vergangenen zu erinnern. Freilich, wenn ich wieder so bedenke, wie wir Liebs und Leids zusammen trugen, einander alles waren, und wie ich damals wähnte, so sollt's unser ganzes Leben sein! War das nicht all mein Trost, wie mir diese Hand weggeschossen ward vor Landshut und du mein pflegtest und mehr als Bruder für mich sorgtest? Ich hoffte, Adelbert wird künftig meine rechte Hand sein. Und nun –

WEISLINGEN. Oh.

1 *Unfall:* Unglück
2 *ausgestochen:* geleert
3 *Polacken ... Haar:* In seiner Autobiografie erzählt Götz, wie er mit einem Polen in Streit geriet, der seinem Haar mit Eiern Glanz verleihen wollte.
4 *schlug ... aus:* verprügelte ich
5 *wurdet ... zu Unfried:* bekamt Streit
6 *Kastor und Pollux:* Zwillingspaar der antiken Mythologie, Söhne des Zeus und der Leda

Weislingen (Jürgen Kloth) und Götz (Jürgen Watzke)

GÖTZ. Wenn du mir damals gefolgt hättest, da ich dir anlag¹ mit nach Brabant² zu ziehen, es wäre alles gut geblieben. Da hielt dich das unglückliche Hofleben und das Schlenzen³ und Scherwenzen⁴ mit den Weibern. Ich sagt es dir immer, wenn du dich mit den eiteln garstigen Vetteln⁵ abgabst und ihnen erzähltest von missvergnügten Ehen, verführten Mädchen, der rauhen Haut einer Dritten oder was sie sonst gerne hören: „Du wirst ein Spitzbub", sagt ich, „Adelbert."

WEISLINGEN. Wozu soll das alles?

GÖTZ. Wollte Gott, ich könnt's vergessen oder es wär anders! Bist du nicht ebenso frei, so edel geboren als einer in Deutschland, unabhängig, nur dem Kaiser untertan, und du schmiegst dich unter Vasallen⁶? Was hast du von dem Bischof? Weil er dein Nachbar ist? dich necken⁷ könnte? Hast du nicht Arme und Freunde ihn

1 *dir anlag:* dich anflehte
2 *Brabant:* Herzogtum in den Niederlanden, das Maximilian, der spätere Kaiser, 1477 aus burgundischem Erbe durch Heirat erlangte und in schweren Kämpfen verteidigte; heute überwiegend ein Teil Belgiens
3 *Schlenzen:* sich herumtreiben
4 *Scherwenzen:* Scharwenzeln, das übertrieben geschäftige Herumtreiben in jemandes Nähe
5 *Vetteln:* alte Weiber, ganz allgemein abschätzige Bezeichnung für Frauen
6 *Vasallen:* Gefolgsleute des Kaisers. Götz wirft Weislingen vor, dass er sich dem Bischof, einem Vasall, unterordnet, obwohl er als Reichsritter nur dem Kaiser unterworfen ist.
7 *necken:* hier in der alten Bedeutung: Schaden zufügen

wieder zu necken? Verkennst den Wert eines freien Rittersmanns, der nur abhängt von Gott, seinem Kaiser und sich selbst! Verkriechst dich zum ersten Hofschranzen[1] eines eigensinnigen neidischen Pfaffen!
WEISLINGEN. Lasst mich reden.
GÖTZ. Was hast du zu sagen?
WEISLINGEN. Du siehst die Fürsten an, wie der Wolf den Hirten. Und doch, darfst du sie schelten, dass sie ihrer Leut und Länder Bestes wahren? Sind sie denn einen Augenblick vor den ungerechten Rittern sicher, die ihre Untertanen auf allen Straßen anfallen, ihre Dörfer und Schlösser verheeren? Wenn nun auf der andern Seite unsers teuern Kaisers Länder der Gewalt des Erbfeindes[2] ausgesetzt sind, er von den Ständen[3] Hülfe begehrt und sie sich kaum ihres Lebens erwehren: Ist's nicht ein guter Geist, der ihnen einrät auf Mittel zu denken Deutschland zu beruhigen, Recht und Gerechtigkeit zu handhaben um einen jeden, Großen und Kleinen, die Vorteile des Friedens genießen zu machen? Und uns verdenkst du's, Berlichingen, dass wir uns in ihren Schutz begeben, deren Hülfe uns nah ist, statt dass die entfernte Majestät sich selbst nicht beschützen kann.
GÖTZ. Ja! Ja! Ich versteh! Weislingen, wären die Fürsten, wie Ihr sie schildert, wir hätten alle, was wir begehren. Ruh und Frieden! Ich glaub's wohl! Den wünscht jeder Raubvogel, die Beute nach Bequemlichkeit zu verzehren. Wohlsein eines jeden! Dass sie sich nur darum graue Haare wachsen ließen! Und mit unserm Kaiser spielen sie auf eine unanständige Art. Er meint's gut und möcht gern bessern. Da kommt denn alle Tage ein neuer Pfannenflicker und meint so und so. Und weil der Herr geschwind etwas begreift und nur reden darf[4] um tausend Hände in Bewegung zu setzen, so denkt er, es wär auch alles so geschwind und leicht ausgeführt. Nun ergehn Verordnungen über Verordnungen und wird eine über die andere vergessen; und was den Fürsten in ihren Kram dient, da sind sie hinterher und gloriieren[5] von Ruh und Sicherheit des Reichs, bis sie die Kleinen unterm Fuß haben. Ich will darauf schwören, es dankt mancher in seinem Herzen Gott, dass der Türk dem Kaiser die Waage hält.
WEISLINGEN. Ihr seht's von Eurer Seite.
GÖTZ. Das tut jeder. Es ist die Frage, auf welcher Licht und Recht ist, und Eure Gänge scheuen wenigstens den Tag.
WEISLINGEN. Ihr dürft reden, ich bin der Gefangne.

---

1 *Hofschranze:* Höfling
2 *Erbfeind:* die Türken, welche die Hausmacht Habsburgs und damit ganz Mitteleuropa bedrohten
3 *Stände:* die im Reichstag vereinten Standesvertreter der Kurfürsten, Fürsten und Städte, die nur ungern dem Kaiser Geld und Truppen für den Türkenkrieg bewilligten
4 *nur reden darf:* nur zu reden braucht
5 *gloriieren:* prahlen

GÖTZ. Wenn Euer Gewissen rein ist, so seid Ihr frei[1]. Aber wie war's um den Landfrieden[2]? Ich weiß noch, als ein Bub von sechzehn Jahren war ich mit dem Markgrafen auf dem Reichstag. Was die Fürsten da für weite Mäuler machten und die Geistlichen am ärgsten. Euer Bischof lärmte dem Kaiser die Ohren voll, als wenn ihm wunder wie! die Gerechtigkeit ans Herz gewachsen wäre; und jetzt wirft er mir selbst einen Buben nieder, zur Zeit, da unsere Händel vertragen sind, ich an nichts Böses denke. Ist nicht alles zwischen uns geschlichtet? Was hat er mit dem Buben?

WEISLINGEN. Es geschah ohne sein Wissen.

GÖTZ. Warum gibt er ihn nicht wieder los?

WEISLINGEN. Er hat sich nicht aufgeführt, wie er sollte.

GÖTZ. Nicht wie er sollte? Bei meinem Eid, er hat getan, wie er sollte, so gewiss er mit Euer und des Bischofs Kundschaft[3] gefangen ist. Meint Ihr, ich komm erst heut auf die Welt, dass ich nicht sehen soll, wo alles hinaus will?

WEISLINGEN. Ihr seid argwöhnisch und tut uns Unrecht.

GÖTZ. Weislingen, soll ich von der Leber weg reden? Ich bin euch ein Dorn in den Augen, so klein ich bin, und der Sickingen und Selbitz nicht weniger, weil wir fest entschlossen sind zu sterben eh, als jemanden die Luft zu verdanken, außer Gott, und unsere Treu und Dienst zu leisten, als dem Kaiser. Da ziehen sie nun um mich herum, verschwärzen mich bei Ihro Majestät und ihren Freunden und meinen Nachbarn und spionieren nach Vorteil über mich. Aus dem Wege wollen sie mich haben, wie's wäre. Darum nahmt ihr meinen Buben gefangen, weil ihr wusstet, ich hatt' ihn auf Kundschaft ausgeschickt; und darum tat er nicht, was er sollte, weil er mich nicht an euch verriet. Und du, Weislingen, bist ihr Werkzeug!

WEISLINGEN. Berlichingen!

GÖTZ. Kein Wort mehr davon! Ich bin ein Feind von Explikationen[4]; man betrügt[5] sich oder den andern und meist beide.

KARL. Zu Tisch, Vater.

GÖTZ. Fröhliche Botschaft! – Kommt! ich hoffe, meine Weibsleute sollen Euch munter machen. Ihr wart sonst ein Liebhaber, die Fräulein wussten von Euch zu erzählen. Kommt! *Ab.*

---

1 *seid Ihr frei:* könnt Ihr frei reden
2 *Landfrieden:* der Ewige Landfrieden von 1495, ein auf dem Wormser Reichstag verabschiedetes Reichsgesetz, mit dem die Fehde endgültig abgeschafft war. Zugleich wurde als Schlichtungsstelle das Reichskammergericht geschaffen. Es hatte seinen Sitz zuerst in Frankfurt am Main, dann in Speyer, von 1689 – 1806 in Wetzlar, wo Goethe 1772 als junger Anwalt tätig war.
3 *Kundschaft:* Kenntnis
4 *Explikationen:* Erklärungen
5 *betrigt:* betrügt

Im bischöflichen Palaste zu Bamberg
Der Speisesaal

Bischof von Bamberg. Abt von Fulda. Olearius. Liebetraut. Hofleute.
An Tafel. Der Nachtisch und die großen Pokale werden aufgetragen.

5 BISCHOF. Studieren jetzt viele Deutsche von Adel zu Bologna[1]?
OLEARIUS. Vom Adel- und Bürgerstande. Und ohne Ruhm zu melden tragen sie das größte Lob davon. Man pflegt im Sprichwort auf der Akademie zu sagen: „So fleißig wie ein Deutscher von Adel." Denn indem die Bürgerlichen einen rühmlichen Fleiß anwenden durch Talente den Mangel der Geburt zu ersetzen, so
10 bestreben sich jene, mit rühmlicher Wetteiferung, ihre angeborne Würde durch die glänzendsten Verdienste zu erhöhen.
ABT. Ei!
LIEBETRAUT. Sag einer, was man nicht erlebet. So fleißig wie ein Deutscher von Adel! Das hab ich mein Tage nicht gehört.
15 OLEARIUS. Ja, sie sind die Bewunderung der ganzen Akademie. Es werden ehestens einige von den ältesten und geschicktesten als Doktores zurückkommen. Der Kaiser wird glücklich sein die ersten Stellen damit besetzen zu können.
BISCHOF. Das kann nicht fehlen.
ABT. Kennen Sie nicht zum Exempel einen Junker[2]? – Er ist aus Hessen –
20 OLEARIUS. Es sind viel Hessen da.
ABT. Er heißt – er ist – Weiß es keiner von euch? – Seine Mutter war eine von – Oh! Sein Vater hatte nur *ein* Aug – und war Marschall.
LIEBETRAUT. Von Wildenholz?
ABT. Recht – von Wildenholz.
25 OLEARIUS. Den kenn ich wohl, ein junger Herr von vielen Fähigkeiten. Besonders rühmt man ihn wegen seiner Stärke im Disputieren[3].
ABT. Das hat er von seiner Mutter.
LIEBETRAUT. Nur wollte sie ihr Mann niemals drum rühmen.
BISCHOF. Wie sagtet Ihr, dass der Kaiser hieß, der Euer *Corpus Juris*[4] geschrieben hat?
30 OLEARIUS. Justinianus[5].

---

1 *Bologna:* Diese altehrwürdige italienische Universität hatte die angesehenste Rechtsfakultät in Europa.
2 *Junker:* urspr.: junger Edelmann, später Bezeichnung für adlige Großgrundbesitzer
3 *Disputieren:* wissenschaftliches Streitgespräch
4 *Corpus Juris:* Gemeint ist der Codex Justinianus, eine im oströmischen Reich angelegte Sammlung römischen Rechts, die seit 1495 auch im Deutschen Reich galt und im 16. Jahrhundert den Namen Corpus iuris civilis (Bürgerliches Gesetzeswerk) erhielt. Viele seiner Rechtsgrundsätze gelten auch bei uns noch bis heute.
5 *Justinianus:* oströmischer Kaiser, geb. 482, regierte 527–565 und ließ die berühmte Rechtssammlung anlegen, die seinen Namen trägt

Olearius (Robert Klaff), Abt von Fulda (Robert Remmler), Bischof von Bamberg (Rudolf Zollner), Liebetraut (Sebastian Hofschmidt), Würdenträger (Ulli Schmeiser) (v. l. n. r.)

BISCHOF. Ein trefflicher Herr! er soll leben[1]!
OLEARIUS. Sein Andenken[2]!
Sie trinken.
ABT. Es mag ein schön Buch sein.
5 OLEARIUS. Man möcht's wohl ein Buch aller Bücher nennen; eine Sammlung aller Gesetze; bei jedem Fall der Urteilsspruch bereit; und was ja noch abgängig oder dunkel wäre, ersetzen die Glossen[3], womit die gelehrtesten Männer das vortrefflichste Werk geschmückt haben.
ABT. Eine Sammlung aller Gesetze! Potz! Da müssen wohl auch die Zehn Gebote
10 drin sein.
OLEARIUS. Implicite wohl, nicht explicite[4].
ABT. Das mein ich auch, an und vor sich, ohne weitere Explikation[5].

1 *Ein trefflicher ... leben:* Der Bischof weiß offenbar nicht, dass Justinian seit einem Jahrtausend tot ist, und lässt ihn in einem Trinkspruch hochleben.
2 *Sein Andenken:* Olearius rettet die Situation, indem er auf das Andenken des Herrschers sein Glas erhebt.
3 *Glossen:* Kommentare zum Codex Justinianus, die vor allem von Bologneser Juristen verfasst wurden
4 *Implicite ... explicite:* dem Sinn nach ja, aber nicht wörtlich
5 *Explikation:* Der Abt redet Unsinn, weil er die beiden miteinander verwandten lateinischen Wörter verwechselt.

BISCHOF. Und was das Schönste ist, so könnte, wie Ihr sagt, ein Reich in sicherster Ruhe und Frieden leben, wo es völlig eingeführt und recht gehandhabt würde.
OLEARIUS. Ohne Frage.
BISCHOF. Alle Doctores Juris!
OLEARIUS. Ich werd's zu rühmen wissen. *Sie trinken.* Wollte Gott, man spräche so in meinem Vaterlande!
ABT. Wo seid Ihr her, hochgelahrter Herr?
OLEARIUS. Von Frankfurt am Main, Ihro Eminenz[1] zu dienen.
BISCHOF. Steht ihr Herrn da nicht wohl angeschrieben? Wie kommt das?
OLEARIUS. Sonderbar genug. Ich war da meines Vaters Erbschaft abzuholen; der Pöbel hätte mich fast gesteinigt, wie er hörte, ich sei ein Jurist.
ABT. Behüte Gott!
OLEARIUS. Aber das kommt daher: Der Schöppenstuhl[2], der in großem Ansehn weit umher steht, ist mit lauter Leuten besetzt, die der Römischen Rechte unkundig sind. Man glaubt, es sei genug, durch Alter und Erfahrung sich ein genaue Kenntnis des innern und äußern Zustandes der Stadt zu erwerben. So werden, nach altem Herkommen und wenigen Statuten[3], die Bürger und die Nachbarschaft gerichtet.
ABT. Das ist wohl gut.
OLEARIUS. Aber lange nicht genug. Der Menschen Leben ist kurz und in *einer* Generation kommen nicht alle Kasus[4] vor. Eine Sammlung solcher Fälle von vielen Jahrhunderten ist unser Gesetzbuch. Und dann ist der Wille und die Meinung der Menschen schwankend; dem deucht heute das recht[5], was der andere morgen missbilliget; und so ist Verwirrung und Ungerechtigkeit unvermeidlich. Das alles bestimmen die Gesetze; und die Gesetze sind unveränderlich.
ABT. Das ist freilich besser.
OLEARIUS. Das erkennt der Pöbel nicht, der, so gierig er auf Neuigkeiten ist, das Neue höchst verabscheuet, das ihn aus seinem Gleise leiten will, und wenn er sich noch so sehr dadurch verbessert. Sie halten den Juristen so arg, als einen Verwirrer des Staats, einen Beutelschneider[6], und sind wie rasend, wenn einer dort sich niederzulassen gedenkt.

---

1 *Ihro Eminenz:* Euer Eminenz. So werden eigentlich nur Kardinäle angeredet.
2 *Schöppenstuhl:* Amt des Schöffen, eines Richters ohne juristisches Studium
3 *Statuten:* Rechtsgrundsätze
4 *Kasus:* Rechtsfälle
5 *dem deucht … recht:* der hält das für richtig
6 *Beutelschneider:* einer, der anderen das Geld aus der Tasche zieht

LIEBETRAUT. Bei Kaiser Maximilians Krönung[1] haben wir Euern Bräutigams was vorgeschmaust. Euer Name ist Olearius? Ich kenne so niemanden.
OLEARIUS. Mein Vater hieß Öhlmann. Nur den Missstand auf dem Titel meiner lateinischen Schriften zu vermeiden nenn ich mich, nach dem Beispiel und auf Anraten würdiger Rechtslehrer, Olearius.
LIEBETRAUT. Ihr tatet wohl, dass Ihr Euch übersetztet. Ein Prophet gilt nichts in seinem Vaterlande, es hätt' Euch in Eurer Muttersprache auch so gehen können.
OLEARIUS. Es war nicht darum.
LIEBETRAUT. Alle Dinge haben ein paar Ursachen.
ABT. Ein Prophet gilt nichts in seinem Vaterlande!
LIEBETRAUT. Wisst Ihr auch warum, hochwürdiger Herr?
ABT. Weil er da geboren und erzogen ist.
LIEBETRAUT. Wohl! Das mag die *eine* Ursache sein. Die andere ist: Weil, bei einer näheren Bekanntschaft mit den Herrn, der Nimbus[2] von Ehrwürdigkeit und Heiligkeit wegschwindet, den uns eine neblichte Ferne um sie herumlügt; und dann sind sie ganz kleine Stümpfchen Unschlitt[3].
OLEARIUS. Es scheint, Ihr seid dazu bestellt, Wahrheiten zu sagen.
LIEBETRAUT. Weil ich's Herz dazu hab, so fehlt mir's nicht am Maul.
OLEARIUS. Aber doch an Geschicklichkeit sie wohl anzubringen.
LIEBETRAUT. Schröpfköpfe sind wohl angebracht, wo sie ziehen[4].
OLEARIUS. Bader[5] erkennt man an der Schürze und nimmt in ihrem Amte ihnen nichts übel. Zur Vorsorge tätet Ihr wohl, wenn Ihr eine Schellenkappe[6] trügt.
LIEBETRAUT. Wo habt Ihr promoviert[7]? Es ist nur zur Nachfrage, wenn mir einmal der Einfall käme, dass ich gleich vor die rechte Schmiede[8] ginge.
OLEARIUS. Ihr seid verwegen.
LIEBETRAUT. Und Ihr sehr breit[9].
Bischof und Abt lachen.

---

1 *Maximilians Krönung:* Gemeint ist die Wahl Maximilians in Frankfurt 1486. Die Krönung der deutschen Könige erfolgte bis 1531 in Aachen (letztmals für Ferdinand I.). Erst seit 1562 (Maximilian II.) wurde die Krönung gleich im Anschluss an die Wahl in der Frankfurter St. Bartholomäuskirche („Kaiserdom") durchgeführt. Der Gekrönte führte auch sofort den Kaisertitel, eine Kaiserkrönung durch den Papst in Rom fand nicht mehr statt.
2 *Nimbus:* Heiligenschein
3 *Stümpfchen Unschlitt:* Talglichter
4 *Schröpfköpfe … ziehen:* Glas- und Gummikugeln, in denen ein Vakuum erzeugt wurde, sollten Eiter und unreines Blut aus der Wunde ziehen
5 *Bader:* Betreiber von Badestuben, in denen auch Kranke durch Zur-Ader-Lassen und Schröpfköpfe behandelt wurden
6 *Schellenkappe:* Narrenkappe
7 *promoviert:* den Doktorhut (entsprechend der Schellenkappe) erworben
8 *vor die rechte Schmiede:* an die richtige Stelle
9 *verwegen … breit:* Der Witz des Wortspiels liegt wohl in der Doppelbedeutung von frech und flink für verwegen und von dick und langsam für breit.

BISCHOF. Von was anders! – Nicht so hitzig, ihr Herrn. Bei Tisch geht alles drein[1] – Einen andern Diskurs[2], Liebetraut!
LIEBETRAUT. Gegen Frankfurt liegt ein Ding über, heißt Sachsenhausen[3] –
OLEARIUS *zum Bischof.* Was spricht man vom Türkenzug, Ihro Fürstliche Gnaden?
BISCHOF. Der Kaiser hat nichts Angelegners als vorerst das Reich zu beruhigen, die Fehden abzuschaffen und das Ansehn der Gerichte zu befestigen. Dann, sagt man, wird er persönlich gegen die Feinde des Reichs und der Christenheit ziehen. Jetzt machen ihm seine Privathändel noch zu tun und das Reich ist, trotz ein vierzig Landfrieden[4], noch immer eine Mördergrube[5]. Franken, Schwaben, der Oberrhein und die angrenzenden Länder werden von übermütigen und kühnen Rittern verheeret. Sickingen, Selbitz mit *einem* Fuß, Berlichingen mit der eisernen Hand spotten in diesen Gegenden des kaiserlichen Ansehens –
ABT. Ja, wenn Ihro Majestät nicht bald dazu tun, so stecken einen die Kerl am End in Sack.
LIEBETRAUT. Das müsst ein Kerl sein, der das Weinfass von Fuld[6] in den Sack schieben wollte.
BISCHOF. Besonders ist der letzte seit vielen Jahren mein unversöhnlicher Feind und molestiert[7] mich unsäglich; aber es soll nicht lang mehr währen, hoff ich. Der Kaiser hält jetzt seinen Hof zu Augsburg. Wir haben unsere Maßregeln genommen, es kann uns nicht fehlen. – Herr Doktor, kennt Ihr Adelberten von Weislingen?
OLEARIUS. Nein, Ihro Eminenz.
BISCHOF. Wenn Ihr die Ankunft dieses Mannes erwartet, werdet Ihr Euch freuen, den edelsten, verständigsten und angenehmsten Ritter in *einer* Person zu sehen.
OLEARIUS. Es muss ein vortrefflicher Mann sein, der solche Lobeserhebungen aus solch einem Munde verdient.
LIEBETRAUT. Er ist auf keiner Akademie gewesen.
BISCHOF. Das wissen wir. *Die Bediensteten laufen ans Fenster.* Was gibt's?
EIN BEDIENTER. Eben reit Färber, Weislingens Knecht, zum Schlosstor herein.
BISCHOF. Seht, was er bringt, er wird ihn melden.
Liebetraut geht. Sie stehn auf und trinken noch eins. – Liebetraut kommt zurück.
BISCHOF. Was für Nachrichten?
LIEBETRAUT. Ich wollt, es müsst sie Euch ein andrer sagen. Weislingen ist gefangen.
BISCHOF. Oh!
LIEBETRAUT. Berlichingen hat ihn und drei Knecht bei Haslach weggenommen. Einer ist entronnen Euch's anzusagen.

---

1 *geht alles drein:* ist alles erlaubt
2 *Einen andern Diskurs:* hier: ein anderes Thema
3 *Sachsenhausen:* Die Frankfurter sahen in ihren Nachbarn auf der anderen Mainseite ungehobelte Leute.
4 *vierzig Landfrieden:* vergebliche Versuche die Fehden abzuschaffen
5 *Mördergrube:* Versteck für Verbrecher
6 *Weinfass von Fuld:* scherzhafte Bezeichnung für den beleibten Abt von Fulda
7 *molestiert:* belästigt

ABT. Eine Hiobspost.
OLEARIUS. Es tut mir von Herzen leid.
BISCHOF. Ich will den Knecht sehn, bringt ihn herauf – Ich will ihn selbst sprechen. Bringt ihn in mein Kabinett. *Ab.*
ABT *setzt sich.* Noch einen Schluck.
Die Knechte schenken ein.
OLEARIUS. Belieben Ihro Hochwürden nicht eine kleine Promenade in den Garten zu machen? Post coenam stabis seu passus mille meabis[1].
LIEBETRAUT. Wahrhaftig, das Sitzen ist Ihnen nicht gesund. Sie kriegen noch einen Schlagfluss.
ABT *hebt sich auf.*
LIEBETRAUT *vor sich.* Wann ich ihn nur draußen hab, will ich ihm fürs Exerzitium[2] sorgen.
Gehn ab.

Jagsthausen

Maria. Weislingen.

MARIA. Ihr liebt mich, sagt Ihr. Ich glaub es gerne und hoffe mit Euch glücklich zu sein und Euch glücklich zu machen.
WEISLINGEN. Ich fühle nichts, als nur dass ich ganz dein bin. *Er umarmt sie.*
MARIA. Ich bitte Euch, lasst mich. Einen Kuss hab ich Euch zum Gottespfennig[3] erlaubt; Ihr scheint aber schon von dem Besitz nehmen zu wollen, was nur unter Bedingungen Euer ist.
WEISLINGEN. Ihr seid zu streng, Maria! Unschuldige Liebe erfreut die Gottheit statt sie zu beleidigen.
MARIA. Es sei! Aber ich bin nicht dadurch erbaut. Man lehrte mich: Liebkosungen sein wie Ketten, stark durch ihre Verwandtschaft, und Mädchen, wenn sie liebten, sein schwächer als Simson nach Verlust seiner Locken[4].
WEISLINGEN. Wer lehrte Euch das?
MARIA. Die Äbtissin meines Klosters. Bis in mein sechzehntes Jahr war ich bei ihr und nur mit Euch empfind ich das Glück, das ich in ihrem Umgang genoss. Sie hatte geliebt und durfte reden. Sie hatte ein Herz voll Empfindung! Sie war eine vortreffliche Frau.

---

1 *Post ... meabis:* Nach dem Essen sollst du stehn oder tausend Schritte gehn.
2 *Exerzitium:* geistige oder körperliche Übung
3 *Gottespfennig:* urspr. Spende bei einem Vertragsabschluss, hier: Verlobungskuss
4 *Simson:* Im Alten Testament verliert Simson mit dem Abschneiden seiner Haare zugleich seine außergewöhnlichen Körperkräfte.

WEISLINGEN. Da glich sie dir! *Er nimmt ihre Hand.* Wie wird mir's werden, wenn ich Euch verlassen soll!

MARIA *zieht ihre Hand zurück.* Ein bisschen eng, hoff ich, denn ich weiß, wie's mir sein wird. Aber Ihr sollt fort.

WEISLINGEN. Ja, meine Teuerste, und ich will. Denn ich fühle, welche Seligkeiten ich mir durch dies Opfer erwerbe. Gesegnet sei dein Bruder und der Tag, an dem er auszog mich zu fangen!

MARIA. Sein Herz war voll Hoffnung für ihn und dich. „Lebt wohl!", sagt' er beim Abschied, „ich will sehen, dass ich ihn wiederfinde."

WEISLINGEN. Er hat's. Wie wünscht ich die Verwaltung meiner Güter und ihre Sicherheit nicht durch das leidige Hofleben so versäumt zu haben! Du könntest gleich die Meinige sein.

MARIA. Auch der Aufschub hat seine Freuden.

WEISLINGEN. Sage das nicht, Maria, ich muss sonst fürchten, du empfindest weniger stark als ich. Doch ich büße verdient; und welche Hoffnungen werden mich auf jedem Schritt begleiten! Ganz der Deine zu sein, nur in dir und dem Kreise von Guten zu leben, von der Welt entfernt, getrennt, alle Wonne zu genießen, die so zwei Herzen einander gewähren! Was ist die Gnade des Fürsten, was der Beifall der Welt gegen diese einfache Glückseligkeit? Ich habe viel gehofft und gewünscht, das widerfährt mir über alles Hoffen und Wünschen.

Götz kommt.

GÖTZ. Euer Knab ist wieder da. Er konnte vor Müdigkeit und Hunger kaum etwas vorbringen. Meine Frau gibt ihm zu essen. So viel hab ich verstanden: Der Bischof will den Knaben nicht herausgeben, es sollen Kaiserliche Kommissarien[1] ernannt und ein Tag[2] ausgesetzt werden, wo die Sache dann verglichen[3] werden mag. Dem sei, wie ihm wolle, Adelbert, Ihr seid frei; ich verlange weiter nichts als Eure Hand, dass Ihr inskünftige meinen Feinden weder öffentlich noch heimlich Vorschub tun wollt.

WEISLINGEN. Hier fass ich Eure Hand. Lasst, von diesem Augenblick an, Freundschaft und Vertrauen, gleich einem ewigen Gesetz der Natur, unveränderlich unter uns sein! Erlaubt mir zugleich diese Hand zu fassen *er nimmt Mariens Hand* und den Besitz des edelsten Fräuleins.

GÖTZ. Darf ich ja für Euch sagen?

MARIA. Wenn Ihr es mit mir sagt.

GÖTZ. Es ist ein Glück, dass unsere Vorteile diesmal miteinander gehn. Du brauchst nicht rot zu werden. Deine Blicke sind Beweis genug. Ja denn, Weislingen! Gebt Euch die Hände und so sprech ich Amen! – Mein Freund und Bruder! – Ich danke dir, Schwester! Du kannst mehr als Hanf spinnen. Du hast einen Faden gedreht

---

1 *Kommissarien:* Beauftragte
2 *Tag:* Gerichtstermin
3 *verglichen:* durch Vergleich beendet

Weislingen (Jürgen Kloth), Götz (Jürgen Watzke), Maria (Chris Nonnast)

    diesen Paradiesvogel zu fesseln. Du siehst[1] nicht ganz frei, Adelbert! Was fehlt
    dir? Ich – bin ganz glücklich; was ich nur träumend hoffte, seh ich und bin wie
    träumend. Ach! nun ist mein Traum aus. Mir war's heute Nacht, ich gäb dir meine
    rechte eiserne Hand und du hieltest mich so fest, dass sie aus den Armschienen
5   ging wie abgebrochen. Ich erschrak und wachte drüber auf. Ich hätte nur fort-
    träumen sollen, da würd ich gesehen haben, wie du mir eine neue lebendige Hand
    ansetztest – Du sollst mir jetzo fort dein Schloss und deine Güter in vollkomme-
    nen Stand zu setzen. Der verdammte Hof hat dich beides versäumen machen. Ich
    muss meiner Frau rufen. Elisabeth!
10 MARIA. Mein Bruder ist in voller Freude.
    WEISLINGEN. Und doch darf ich ihm den Rang streitig machen.
    GÖTZ. Du wirst anmutig wohnen.
    MARIA. Franken ist ein gesegnetes Land.
    WEISLINGEN. Und ich darf wohl sagen, mein Schloss liegt in der gesegnetsten und
15 anmutigsten Gegend.
    GÖTZ. Das dürft Ihr und ich will's behaupten[2]. Hier fließt der Main und allmählich
    hebt der Berg an, der mit Äckern und Weinbergen bekleidet von Euerm Schloss

1 *siehst:* siehst aus
2 *behaupten:* schützen

gekrönt wird, dann biegt sich der Fluss schnell um die Ecke hinter dem Felsen Eures Schlosses hin. Die Fenster des großen Saals gehen steil herab aufs Wasser, eine Aussicht viel Stunden weit.
Elisabeth kommt.
ELISABETH. Was schafft[1] ihr?
GÖTZ. Du sollst deine Hand auch dazu geben und sagen: „Gott segne euch!" Sie sind ein Paar.
ELISABETH. So geschwind!
GÖTZ. Aber nicht unvermutet.
ELISABETH. Möget Ihr Euch so immer nach ihr sehnen als bisher, da Ihr um sie warbt! Und dann! Möchtet Ihr so glücklich sein, als Ihr sie lieb behaltet!
WEISLINGEN. Amen! Ich begehre kein Glück als unter diesem Titel[2].
GÖTZ. Der Bräutigam, meine liebe Frau, tut eine kleine Reise; denn die große Veränderung zieht viel geringe nach sich. Er entfernt sich zuerst vom bischöflichen Hof um diese Freundschaft nach und nach erkalten zu lassen. Dann reißt er seine Güter eigennützigen Pachtern aus den Händen. Und – kommt, Schwester, komm, Elisabeth! Wir wollen ihn allein lassen. Sein Knab hat ohne Zweifel geheime Aufträge an ihn.
WEISLINGEN. Nichts, als was Ihr wissen dürft.
GÖTZ. Braucht's nicht. – Franken und Schwaben[3]! Ihr seid nun verschwisterter als jemals. Wie wollen wir den Fürsten den Daumen auf dem Aug halten!
Die drei gehn.
WEISLINGEN. Gott im Himmel! Konntest du mir Unwürdigem solch eine Seligkeit bereiten? Es ist zu viel für mein Herz. Wie ich von den elenden Menschen abhing, die ich zu beherrschen glaubte, von den Blicken des Fürsten, von dem ehrerbietigen Beifall umher! Götz, teurer Götz, du hast mich mir selbst wiedergegeben, und Maria, du vollendest meine Sinnesänderung. Ich fühle mich so frei wie in heiterer Luft. Bamberg will ich nicht mehr sehen, will all die schändlichen Verbindungen durchschneiden, die mich unter mir selbst hielten. Mein Herz erweitert sich, hier ist kein beschwerliches Streben nach versagter Größe. So gewiss ist der allein glücklich und groß, der weder zu herrschen noch zu gehorchen braucht um etwas zu sein!
Franz tritt auf.
FRANZ. Gott grüß Euch, gestrenger Herr! Ich bring Euch so viel Grüße, dass ich nicht weiß wo anzufangen. Bamberg und zehn Meilen in die Runde entbieten Euch ein tausendfaches: Gott grüß Euch!

---

1 *schafft:* befiehlt
2 *Titel:* Voraussetzung
3 *Franken und Schwaben:* Goethe sieht Götz als Schwaben, während die Besitzungen des historischen Götz in Franken lagen, worunter man aber später eher Mainfranken verstand. Vgl. auch die Bezeichnung von Götzens Kraftausdruck S. 73, Z. 5 als „schwäbischer Gruß".

WEISLINGEN. Willkommen, Franz! Was bringst du mehr?
FRANZ. Ihr steht in einem Andenken bei Hof und überall, dass es nicht zu sagen ist.
WEISLINGEN. Das wird nicht lange dauern.
FRANZ. So lang Ihr lebt! und nach Eurem Tod wird's heller blinken als die messinge-
 nen Buchstaben auf einem Grabstein. Wie man sich Euern Unfall zu Herzen nahm!
WEISLINGEN. Was sagte der Bischof?
FRANZ. Er war so begierig zu wissen, dass er mit geschäftiger Geschwindigkeit der Fragen meine Antwort verhinderte. Er wusst es zwar schon; denn Färber, der von Haslach entrann, brachte ihm die Botschaft. Aber er wollte alles wissen. Er fragte so ängstlich, ob Ihr nicht versehrt wäret? Ich sagte: „Er ist ganz, von der äußersten Haarspitze bis zum Nagel des kleinen Zehs."
WEISLINGEN. Was sagte er zu den Vorschlägen?
FRANZ. Er wollte gleich alles herausgeben, den Knaben und noch Geld darauf, nur Euch zu befreien. Da er aber hörte, Ihr solltet ohne das loskommen und nur Euer Wort das Äquivalent[1] gegen den Buben sein, da wollte er absolut den Berlichingen vertagt[2] haben. Er sagte mir hundert Sachen an Euch – ich hab sie wieder vergessen. Es war eine lange Predigt über die Worte: „Ich kann Weislingen nicht entbehren."
WEISLINGEN. Er wird's lernen müssen!
FRANZ. Wie meint Ihr? Er sagte: „Mach ihn eilen, es wartet alles auf ihn."
WEISLINGEN. Es kann warten. Ich gehe nicht nach Hof.
FRANZ. Nicht nach Hof? Herr! Wie kommt Euch das? Wenn Ihr wüsstet, was ich weiß. Wenn Ihr nur träumen könntet, was ich gesehen habe.
WEISLINGEN. Wie wird dir's?
FRANZ. Nur von der bloßen Erinnerung komm ich außer mir. Bamberg ist nicht mehr Bamberg, ein Engel in Weibesgestalt macht es zum Vorhofe des Himmels.
WEISLINGEN. Nichts weiter?
FRANZ. Ich will ein Pfaff werden, wenn Ihr sie sehet und nicht außer Euch kommt.
WEISLINGEN. Wer ist's denn?
FRANZ. Adelheid von Walldorf.
WEISLINGEN. Die! Ich habe viel von ihrer Schönheit gehört.
FRANZ. Gehört? Das ist eben, als wenn Ihr sagtet: „Ich hab die Musik gesehen." Es ist der Zunge so wenig möglich, eine Linie ihrer Vollkommenheiten auszudrücken, da das Aug sogar in ihrer Gegenwart sich nicht selbst genug ist.
WEISLINGEN. Du bist nicht gescheit.
FRANZ. Das kann wohl sein. Das letzte Mal, da ich sie sahe, hatte ich nicht mehr Sinne als ein Trunkener. Oder vielmehr, kann ich sagen, ich fühlte in dem Augenblick, wie's den Heiligen bei himmlischen Erscheinungen sein mag. Alle Sinne stärker, höher, vollkommener und doch den Gebrauch von keinem.

1 *Äquivalent:* hier: Faustpfand, Gegenwert
2 *vertagt:* vor Gericht geladen

WEISLINGEN. Das ist seltsam.
FRANZ. Wie ich von dem Bischof Abschied nahm, saß sie bei ihm. Sie spielten Schach. Er war sehr gnädig, reichte mir seine Hand zu küssen und sagte mir vieles, davon ich nichts vernahm. Denn ich sah seine Nachbarin, sie hatte ihr Auge aufs Brett geheftet, als wenn sie einem großen Streich nachsänne. Ein feiner lauernder Zug um Mund und Wange! Ich hätt' der elfenbeinerne König sein mögen. Adel und Freundlichkeit herrschten auf ihrer Stirn. Und das blendende Licht des Angesichts und des Busens, wie es von den finstern Haaren erhoben ward!
WEISLINGEN. Du bist drüber gar zum Dichter geworden.
FRANZ. So fühl ich denn in dem Augenblick, was den Dichter macht, ein volles, ganz von *einer* Empfindung volles Herz! Wie der Bischof endigte und ich mich neigte, sah sie mich an und sagte: „Auch von mir einen Gruß unbekannterweise! Sag ihm, er mag ja bald kommen. Es warten neue Freunde auf ihn; er soll sie nicht verachten, wenn er schon an alten so reich ist." – Ich wollte was antworten, aber der Pass vom Herzen nach der Zunge war versperrt, ich neigte mich. Ich hätte mein Vermögen gegeben, die Spitze ihres kleinen Fingers küssen zu dürfen! Wie ich so stund, warf der Bischof einen Bauern herunter, ich fuhr danach und rührte im Aufheben den Saum ihres Kleides, das fuhr mir durch alle Glieder und ich weiß nicht, wie ich zur Tür hinausgekommen bin.
WEISLINGEN. Ist ihr Mann bei Hofe?
FRANZ. Sie ist schon vier Monat Witwe. Um sich zu zertreuen hält sie sich in Bamberg auf. Ihr werdet sie sehen. Wenn sie einen ansieht, is't's, als wenn man in der Frühlingssonne stünde.
WEISLINGEN. Es würde eine schwächere Wirkung auf mich haben.
FRANZ. Ich höre, Ihr seid so gut als verheiratet.
WEISLINGEN. Wollte, ich wär's. Meine sanfte Marie wird das Glück meines Lebens machen. Ihre süße Seele bildet sich in ihren blauen Augen. Und weiß wie ein Engel des Himmels, gebildet aus Unschuld und Liebe, leitet sie mein Herz zur Ruhe und Glückseligkeit. Pack zusammen! und dann auf mein Schloss! Ich will Bamberg nicht sehen, und wenn Sankt Veit[1] in Person meiner begehrte. *Geht ab.*
FRANZ. Da sei Gott vor! Wollen das Beste hoffen! Maria ist liebreich und schön und einem Gefangenen und Kranken kann ich's nicht übelnehmen, der sich in sie verliebt. In ihren Augen ist Trost, gesellschaftliche Melancholie. – Aber um dich, Adelheid, ist Leben, Feuer, Mut – Ich würde! – Ich bin ein Narr – dazu machte mich *ein* Blick von ihr. Mein Herr muss hin! Ich muss hin! Und da will ich mich wieder gescheit oder völlig rasend gaffen.

---

1 *Sankt Veit:* der hl. Vitus, Patron vieler Kirchen im 15. und 16. Jh., war einer der 14 Nothelfer, vor allem gegen die Nervenkrankheit des Veitstanzes

Zweiter Akt

Bamberg. Ein Saal

Bischof, Adelheid spielen Schach. Liebetraut mit einer Zither. Frauen, Hofleute um ihn herum am Kamin.

LIEBETRAUT *spielt und singt.*
    Mit Pfeilen und Bogen
    Cupido[1] geflogen,
    Die Fackel in Brand,
    Wollt mutilich kriegen
    Und männlich siegen
    Mit stürmender Hand.
        Auf! Auf!
        An! An!
    Die Waffen erklirrten,
    Die Flügelein schwirrten,
    Die Augen entbrannt.

    Da fand er die Busen
    Ach leider so bloß,
    Sie nahmen so willig
    Ihn all auf den Schoß.
    Er schüttet' die Pfeile
    Zum Feuer hinein,
    Sie herzten und drückten
    Und wiegten ihn ein.
        Hei ei o! Popeio!

ADELHEID. Ihr seid nicht bei Eurem Spiele. Schach dem König!
BISCHOF. Es ist noch Auskunft[2].
ADELHEID. Lange werdet Ihr's nicht mehr treiben. Schach dem König!
LIEBETRAUT. Dies Spiel spielt ich nicht, wenn ich ein großer Herr wär, und verböt's am Hofe und im ganzen Land.
ADELHEID. Es ist wahr, dies Spiel ist ein Probierstein des Gehirns.
LIEBETRAUT. Nicht darum! Ich wollte lieber das Geheul der Totenglocke und ominöser Vögel[3], lieber das Gebell des knurrischen Hofhunds Gewissen, lieber

---

1 *Cupido:* der Liebesgott Eros (Amor)
2 *Auskunft:* ein Ausweg
3 *Geheul ... ominöser Vögel:* Der Ruf des Käutzchens galt im Volksglauben als Unheilskünder.

Bischof von Bamberg (Rudolf Zollner), Liebetraut (Sebastian Hufschmidt), Adelheid von Walldorf (Karin Winkler)

wollt ich sie durch den tiefsten Schlaf hören, als von Laufern, Springern und anderen Bestien das ewige: „Schach dem König!"
BISCHOF. Wem wird auch das einfallen!
LIEBETRAUT. Einem zum Exempel, der schwach wäre und ein stark Gewissen hätte,
5 wie denn das meistenteils beisammen ist. Sie nennen's ein königlich Spiel und sagen, es sei für einen König erfunden worden, der den Erfinder mit einem Meer von Überfluss belohnt habe. Wenn das wahr ist, so ist mir's, als wenn ich ihn sähe. Er war minorenn¹ an Verstand oder an Jahren, unter der Vormundschaft seiner Mutter oder seiner Frau, hatte Milchhaare im Bart und Flachshaare um die Schläfe,
10 er war so gefällig wie ein Weidenschößling und spielte gern Dame und mit den Damen, nicht aus Leidenschaft, behüte Gott! nur zum Zeitvertreib. Sein Hofmeister², zu tätig um ein Gelehrter, zu unlenksam ein Weltmann zu sein, erfand das Spiel in usum Delphini³, das so homogen⁴ mit Seiner Majestät war – und so ferner.
ADELHEID. Matt! Ihr solltet die Lücken unsrer Geschichtsbücher ausfüllen, Liebe-
15 traut.
Sie stehen auf.
LIEBETRAUT. Die Lücken unsrer Geschlechtsregister⁵, das wäre profitabler. Seitdem die Verdienste unserer Vorfahren mit ihren Porträts zu einerlei Gebrauch dienen,

1 *minorenn:* minderjährig
2 *Hofmeister:* Hauslehrer
3 *in usum Delphini:* zur Benutzung für den Dauphin, den französischen Thronfolger. Zur Zeit Ludwig XIV. haben die Prinzenerzieher von anstößigen Stellen gereinigte Ausgaben der klassischen Texte anfertigen lassen. Hier auf die Erfindung des Schachspiels übertragen.
4 *homogen:* hier: angemessen, geeignet
5 *Geschlechtsregister:* Stammtafeln der Adligen

die leeren Seiten nämlich unsrer Zimmer und unsers Charakters zu tapezieren; da wäre was zu verdienen.
BISCHOF. Er will nicht kommen, sagtet Ihr!
ADELHEID. Ich bitt Euch, schlagt's Euch aus dem Sinn.
BISCHOF. Was das sein mag?
LIEBETRAUT. Was? Die Ursachen lassen sich herunterbeten wie ein Rosenkranz. Er ist in eine Art von Zerknirschung gefallen, von der ich ihn leicht kurieren wollt.
BISCHOF. Tut das, reitet zu ihm.
LIEBETRAUT. Meinen Auftrag!
BISCHOF. Er soll unumschränkt sein. Spare nichts, wenn du ihn zurückbringst.
LIEBETRAUT. Darf ich Euch auch hineinmischen, gnädige Frau?
ADELHEID. Mit Bescheidenheit.
LIEBETRAUT. Das ist eine weitläufige Kommission[1].
ADELHEID. Kennt Ihr mich so wenig oder seid Ihr so jung um nicht zu wissen, in welchem Ton Ihr mit Weislingen von mir zu reden habt?
LIEBETRAUT. Im Ton einer Wachtelpfeife[2], denk ich.
ADELHEID. Ihr werdet nie gescheit werden!
LIEBETRAUT. Wird man das, gnädige Frau?
BISCHOF. Geht, geht. Nehmt das beste Pferd aus meinem Stall, wählt Euch Knechte und schafft mir ihn her!
LIEBETRAUT. Wenn ich ihn nicht herbanne, so sagt: Ein altes Weib, das Warzen und Sommerflecken vertreibt, versteht mehr von der Sympathie[3] als ich.
BISCHOF. Was wird das helfen! Berlichingen hat ihn ganz eingenommen. Wenn er herkommt, wird er wieder fort wollen.
LIEBETRAUT. Wollen, das ist keine Frage, aber ob er kann. Der Händedruck eines Fürsten und das Lächeln einer schönen Frau! Da reißt sich kein Weisling[4] los. Ich eile und empfehle mich zu Gnaden.
BISCHOF. Reist wohl.
ADELHEID. Adieu.
Er geht.
BISCHOF. Wenn er einmal hier ist, verlass ich mich auf Euch.
ADELHEID. Wollt Ihr mich zur Leimstange[5] brauchen?
BISCHOF. Nicht doch.
ADELHEID. Zum Lockvogel denn?
BISCHOF. Nein, den spielt Liebetraut. Ich bitt Euch, versagt mir nicht, was mir sonst niemand gewähren kann.
ADELHEID. Wollen sehn.

1 *Kommission:* Auftrag
2 *Wachtelpfeife:* Lockpfeife für den Vogelfang
3 *Sympathie:* Heilmethode, die auf der angeblichen Verwandtschaft verschiedener Naturphänomene beruht, vgl. Homöopathie
4 *Weisling:* Weisfisch, Wortspiel mit dem Namen Weislingens
5 *Leimstange:* mit Leim bestrichene Stange oder Rute zum Vogelfang

Jagsthausen

Hans von Selbitz. Götz.

SELBITZ. Jedermann wird Euch loben, dass Ihr denen von Nürnberg Fehd angekündigt habt.
5 GÖTZ. Es hätte mir das Herz abgefressen, wenn ich's ihnen hätte lang schuldig bleiben sollen. Es ist am Tag, sie haben den Bambergern meinen Buben verraten. Sie sollen an mich denken!
SELBITZ. Sie haben einen alten Groll gegen Euch.
GÖTZ. Und ich wider sie; mir ist gar recht, dass sie angefangen haben.
10 SELBITZ. Die Reichsstädte und Pfaffen halten doch von jeher zusammen.
GÖTZ. Sie haben's Ursach[1].
SELBITZ. Wir wollen ihnen die Hölle heiß machen.
GÖTZ. Ich zählte auf Euch. Wollte Gott, der Burgemeister von Nürnberg, mit der güldenen Kett um den Hals, als käm uns in Wurf[2], er sollt sich mit all seinem
15 Witz[3] verwundern.
SELBITZ. Ich höre, Weislingen ist wieder auf Eurer Seite. Tritt er zu uns?
GÖTZ. Noch nicht; es hat seine Ursachen, warum er uns noch nicht öffentlich Vorschub tun darf; doch ist's eine Weile genug, dass er nicht wider uns ist. Der Pfaff ist ohne ihn, was das Messgewand ohne den Pfaffen.
20 SELBITZ. Wann ziehen wir aus?
GÖTZ. Morgen oder übermorgen. Es kommen nun bald Kaufleute von Bamberg und Nürnberg aus der Frankfurter Messe. Wir werden einen guten Fang tun.
SELBITZ. Will's Gott. *Ab.*

Bamberg. Zimmer der Adelheid

25 *Adelheid. Kammerfräulein.*

ADELHEID. Er ist da!, sagst du. Ich glaub es kaum.
FRÄULEIN. Wenn ich ihn nicht selbst gesehn hätte, würd ich sagen, ich zweifle.
ADELHEID. Den Liebetraut mag der Bischof in Gold einfassen: er hat ein Meisterstück gemacht.
30 FRÄULEIN. Ich sah ihn, wie er zum Schloss hereinreiten wollte, er saß auf einem Schimmel. Das Pferd scheute, wie's an die Brücke kam, und wollte nicht von der Stelle. Das Volk war aus allen Straßen gelaufen ihn zu sehn. Sie freuten sich über des Pferds Unart. Von allen Seiten ward er gegrüßt und er dankte allen. Mit einer

---

1 *Ursach:* einen Grund
2 *käm uns in Wurf:* geriete in unsere Fänge
3 *Witz:* Verstand

Adelheid von Walldorf (Karin Winkler), Kammerfräulein (Britta Focht)

angenehmen Gleichgültigkeit saß er droben und mit Schmeicheln und Drohen bracht er es endlich zum Tor herein, der Liebetraut mit und wenig Knechte.
ADELHEID. Wie gefällt er dir?
FRÄULEIN. Wie mir nicht leicht ein Mann gefallen hat. Er glich dem Kaiser hier *deu-*
5 *tet auf Maximilians Porträt*, als wenn er sein Sohn wäre. Die Nase nur etwas kleiner, ebenso freundliche lichtbraune Augen, ebenso ein blondes schönes Haar und gewachsen wie eine Puppe. Ein halb trauriger Zug auf seinem Gesicht – ich weiß nicht – gefiel mir so wohl!
ADELHEID. Ich bin neugierig ihn zu sehen.
10 FRÄULEIN. Das wär ein Herr für Euch.
ADELHEID. Närrin!
FRÄULEIN. Kinder und Narren –
Liebetraut kommt.
LIEBETRAUT. Nun, gnädige Frau, was verdien ich?
15 ADELHEID. Hörner von deinem Weibe[1]. Denn nach dem zu rechnen habt Ihr schon manches Nachbars ehrliches Hausweib aus ihrer Pflicht hinausgeschwatzt.

1 *Hörner von deinem Weib:* Der betrogene Ehemann wird im Volksmund gern als der Gehörnte bezeichnet.

45

LIEBETRAUT. Nicht doch, gnädige Frau! Auf ihre Pflicht, wollt Ihr sagen; denn wenn's ja geschäh, schwatzt ich sie auf ihres Mannes Bette.
ADELHEID. Wie habt Ihr's gemacht ihn herzubringen?
LIEBETRAUT. Ihr wisst zu gut, wie man Schnepfen fängt; soll ich Euch meine Kunststückchen noch dazu lehren? – Erst tat ich, als wüsst ich nichts, verstünd nichts von seiner Aufführung und setzt ihn dadurch in den Nachteil die ganze Historie zu erzählen. Die sah ich nun gleich von einer ganz andern Seite an als er, konnte nicht finden – nicht einsehen – und so weiter. Dann redete ich von Bamberg allerlei durcheinander, Großes und Kleines, erweckte gewisse alte Erinnerungen und wie ich seine Einbildungskraft beschäftigt hatte, knüpfte ich wirklich eine Menge Fädchen wieder an, die ich zerrissen fand. Er wusste nicht, wie ihm geschah, fühlte einen neuen Zug nach Bamberg, er wollte – ohne zu wollen. Wie er nun in sein Herz ging und das zu entwickeln suchte, und viel zu sehr mit sich beschäftigt war um auf sich Acht zu geben, warf ich ihm ein Seil um den Hals, aus drei mächtigen Stricken, Weiber-, Fürstengunst und Schmeichelei, gedreht, und so hab ich ihn hergeschleppt.
ADELHEID. Was sagtet Ihr von mir?
LIEBETRAUT. Die lautre Wahrheit. Ihr hättet wegen Eurer Güter Verdrießlichkeiten – hättet gehofft, da er beim Kaiser so viel gelte, werde er das leicht enden können.
ADELHEID. Wohl.
LIEBETRAUT. Der Bischof wird ihn Euch bringen.
ADELHEID. Ich erwarte sie. *Liebetraut ab.* Mit einem Herzen, wie ich selten Besuch erwarte.

Im Spessart

Berlichingen. Selbitz. Georg als Reitersknecht.

GÖTZ. Du hast ihn nicht angetroffen, Georg!
GEORG. Er war tags vorher mit Liebetraut nach Bamberg geritten und zwei Knechte mit.
GÖTZ. Ich seh nicht ein, was das geben soll.
SELBITZ. Ich wohl. Eure Versöhnung war ein wenig zu schnell, als dass sie dauerhaft hätte sein sollen. Der Liebetraut ist ein pfiffiger Kerl; von dem hat er sich beschwätzen lassen.
GÖTZ. Glaubst du, dass er bundbrüchig werden wird?
SELBITZ. Der erste Schritt ist getan.
GÖTZ. Ich glaub's nicht. Wer weiß, wie nötig es war, an Hof zu gehen; man ist ihm noch schuldig; wir wollen das Beste hoffen.
SELBITZ. Wollte Gott, er verdient' es und täte das Beste!

GÖTZ. Mir fällt eine List ein. Wir wollen Georgen des Bamberger Reiters erbeuteten Kittel anziehen und ihm das Geleitzeichen geben; er mag nach Bamberg reiten und sehen, wie's steht.
GEORG. Da hab ich lange drauf gehofft.
GÖTZ. Es ist dein erster Ritt. Sei vorsichtig, Knabe! Mir wäre leid, wenn dir ein Unfall begegnen sollt.
GEORG. Lasst nur, mich irrt's nicht, wenn noch so viel um mich herumkrabbeln, mir ist's, als wenn's Ratten und Mäuse wären. *Ab.*

Bamberg

Bischof. Weislingen.

BISCHOF. Du willst dich nicht länger halten lassen!
WEISLINGEN. Ihr werdet nicht verlangen, dass ich meinen Eid brechen soll.
BISCHOF. Ich hätte verlangen können, du solltest ihn nicht schwören. Was für ein Geist regierte dich? Konnt ich dich ohne das nicht befreien? Gelt ich so wenig am Kaiserlichen Hofe?
WEISLINGEN. Es ist geschehen; verzeiht mir, wenn Ihr könnt.
BISCHOF. Ich begreif nicht, was nur im Geringsten dich nötigte den Schritt zu tun! Mir zu entsagen? Waren denn nicht hundert andere Bedingungen loszukommen? Haben wir nicht seinen Buben? Hätt ich nicht Gelds genug gegeben und ihn wieder beruhigt? Unsere Anschläge auf ihn und seine Gesellen wären fortgegangen – Ach ich denke nicht, dass ich mit seinem Freunde rede, der nun wider mich arbeitet und die Minen[1] leicht entkräften kann, die er selbst gegraben hat.
WEISLINGEN. Gnädiger Herr!
BISCHOF. Und doch – wenn ich wieder dein Angesicht sehe, deine Stimme höre. Es ist nicht möglich, nicht möglich.
WEISLINGEN. Lebt wohl, gnädiger Herr.
BISCHOF. Ich gebe dir meinen Segen. Sonst, wenn du gingst, sagt ich: „Auf Wiedersehn!" Jetzt – Wollte Gott, wir sähen einander nie wieder!
WEISLINGEN. Es kann sich vieles ändern.
BISCHOF. Vielleicht seh ich dich noch einmal, als Feind vor meinen Mauern, die Felder verheeren, die ihren blühenden Zustand dir jetzo danken.
WEISLINGEN. Nein, gnädiger Herr.
BISCHOF. Du kannst nicht nein sagen. Die weltlichen Stände, meine Nachbarn, haben alle einen Zahn auf mich. Solang ich dich hatte – Geht, Weislingen! Ich habe Euch nichts mehr zu sagen. Ihr habt vieles zunichte gemacht. Geht!
WEISLINGEN. Und ich weiß nicht, was ich sagen soll.
Bischof ab. – Franz tritt auf.

1 *Minen:* Sprengsätze, hier im übertragenen Sinne für die hinterhältigen Anschläge

FRANZ. Adelheid erwartet Euch. Sie ist nicht wohl. Und doch will sie Euch ohne Abschied nicht lassen.
WEISLINGEN. Komm.
FRANZ. Gehn wir denn gewiss?
WEISLINGEN. Noch diesen Abend. –
FRANZ. Mir ist, als wenn ich aus der Welt sollte.
WEISLINGEN. Mir auch und noch darzu, als wüsst ich nicht wohin.

Adelheidens Zimmer

Adelheid. Fräulein.

FRÄULEIN. Ihr seht blass, gnädige Frau.
ADELHEID. – Ich lieb ihn nicht und wollte doch, dass er bliebe. Siehst du, ich könnte mit ihm leben, ob ich ihn gleich nicht zum Manne haben möchte.
FRÄULEIN. Glaubt Ihr, er geht?
ADELHEID. Er ist zum Bischof um Lebewohl zu sagen.
FRÄULEIN. Er hat darnach noch einen schweren Stand.
ADELHEID. Wie meinst du?
FRÄULEIN. Was fragt Ihr, gnädige Frau? Ihr habt sein Herz geangelt und wenn er sich losreißen will, verblutet er.
Adelheid. Weislingen.
WEISLINGEN. Ihr seid nicht wohl, gnädige Frau?
ADELHEID. Das kann Euch einerlei sein. Ihr verlasst uns, verlasst uns auf immer. Was fragt Ihr, ob wir leben oder sterben.
WEISLINGEN. Ihr verkennt mich.
ADELHEID. Ich nehme Euch, wie Ihr Euch gebt.
WEISLINGEN. Das Ansehn trügt.
ADELHEID. So seid Ihr ein Chamäleon?
WEISLINGEN. Wenn Ihr mein Herz sehen könntet!
ADELHEID. Schöne Sachen würden mir vor die Augen kommen.
WEISLINGEN. Gewiss! Ihr würdet Euer Bild drin finden.
ADELHEID. In irgendeinem Winkel bei den Porträten ausgestorbener Familien. Ich bitt Euch, Weislingen, bedenkt, Ihr redet mit mir. Falsche Worte gelten zum Höchsten[1], wenn sie Masken unserer Taten sind. Ein Vermummter, der kenntlich ist, spielt eine armselige Rolle. Ihr leugnet Eure Handlungen nicht und redet das Gegenteil; was soll man von Euch halten?
WEISLINGEN. Was Ihr wollt. Ich bin so geplagt mit dem, was ich bin, dass mir wenig bang ist, für was man mich nehmen mag.
ADELHEID. Ihr kommt um Abschied zu nehmen.

1 *zum Höchsten:* höchstens

WEISLINGEN. Erlaubt mir Eure Hand zu küssen und ich will sagen: Lebt wohl. Ihr erinnert mich! Ich bedachte nicht – Ich bin beschwerlich, gnädige Frau.
ADELHEID. Ihr legt's falsch aus: Ich wollte Euch forthelfen; denn Ihr wollt fort.
WEISLINGEN. O sagt: Ich muss. Zöge mich nicht die Ritterpflicht, der heilige Handschlag –
ADELHEID. Geht! Geht! Erzählt das Mädchen, die den *Theuerdank*[1] lesen und sich so einen Mann wünschen. Ritterpflicht! Kinderspiel!
WEISLINGEN. Ihr denkt nicht so.
ADELHEID. Bei meinem Eid, Ihr verstellt Euch! Was habt Ihr versprochen? Und wem? Einem Mann, der seine Pflicht gegen den Kaiser und das Reich verkennt, in eben dem Augenblick Pflicht zu leisten[2], da er durch Eure Gefangennehmung in die Strafe der Acht[3] verfällt. Pflicht zu leisten! die nicht gültiger sein kann als ungerechter gezwungener Eid. Entbinden nicht unsere Gesetze von solchen Schwüren? Macht das Kindern weis, die den Rübezahl[4] glauben. Es stecken andere Sachen dahinter. Ein Feind des Reichs zu werden, ein Feind der bürgerlichen Ruh und Glückseligkeit! Ein Feind des Kaisers! Geselle eines Räubers! du, Weislingen, mit deiner sanften Seele!
WEISLINGEN. Wenn Ihr ihn kenntet –
ADELHEID. Ich wollt ihm Gerechtigkeit widerfahren lassen. Er hat eine hohe unbändige Seele. Eben darum wehe dir, Weislingen! Geh und bilde dir ein, Geselle von ihm zu sein. Geh! und lass dich beherrschen. Du bist freundlich, gefällig –
WEISLINGEN. Er ist's auch.
ADELHEID. Aber du bist nachgebend und er nicht! Unversehens wird er dich wegreißen, du wirst ein Sklave eines Edelmanns werden, da du Herr von Fürsten sein könntest. – Doch es ist Unbarmherzigkeit, dir deinen zukünftigen Stand zu verleiden.
WEISLINGEN. Hättest du gefühlt, wie liebreich er mir begegnete.
ADELHEID. Liebreich! Das rechnest du ihm an? Es war seine Schuldigkeit; und was hättest du verloren, wenn er widerwärtig gewesen wäre? Mir hätte das willkommener sein sollen. Ein übermütiger Mensch wie der –
WEISLINGEN. Ihr redet von Euerm Feind.
ADELHEID. Ich redete für Eure Freiheit – Und weiß überhaupt nicht, was ich vor[5] einen Anteil dran nehme. Lebt wohl.
WEISLINGEN. Erlaubt noch einen Augenblick. *Er nimmt ihre Hand und schweigt.*
ADELHEID. Habt Ihr mir noch was zu sagen?

1 *Theuerdank:* 1517 erschienener Ritterroman, z. T. von Maximilian I. in Auftrag gegeben und teilweise von ihm selbst verfasst
2 *Pflicht zu leisten:* sich eidlich zu verpflichten
3 *Strafe der Acht:* Die vom Kaiser verhängte Reichsacht schloss den Verurteilten aus der Rechtsgemeinschaft aus, zog sein Vermögen ein, erklärte ihn für friedlos, sodass jeder ihn straflos töten konnte.
4 *den Rübezahl glauben:* an Rübezahl, einen Berggeist aus dem Riesengebirge, glauben
5 *vor:* für

WEISLINGEN. – – Ich muss fort.
ADELHEID. So geht.
WEISLINGEN. Gnädige Frau! – Ich kann nicht.
ADELHEID. Ihr müsst.
WEISLINGEN. Soll das Euer letzter Blick sein?
ADELHEID. Geht, ich bin krank, sehr zur ungelegnen Zeit.
WEISLINGEN. Seht mich nicht so an.
ADELHEID. Willst du unser Feind sein und wir sollen dir lächeln? Geh!
WEISLINGEN. Adelheid!
ADELHEID. Ich hasse Euch!
Franz kommt.
FRANZ. Gnädiger Herr! Der Bischof lässt Euch rufen.
ADELHEID. Geht! Geht!
FRANZ. Er bittet Euch eilend zu kommen.
ADELHEID. Geht! Geht!
WEISLINGEN. Ich nehme nicht Abschied, ich sehe Euch wieder! *Ab.*
ADELHEID. Mich wieder? Wir wollen dafür[1] sein. Margarete, wenn er kommt, weis ihn ab. Ich bin krank, habe Kopfweh, ich schlafe – Weis ihn ab. Wenn er noch zu gewinnen ist, so ist's auf diesem Wege. *Ab.*

Vorzimmer

Weislingen. Franz.

WEISLINGEN. Sie will mich nicht sehn?
FRANZ. Es wird Nacht, soll ich die Pferde satteln?
WEISLINGEN. Sie will mich nicht sehn?
FRANZ. Wann befehlen Ihro Gnaden die Pferde?
WEISLINGEN. Es ist zu spät! Wir bleiben hier.
FRANZ. Gott sei Dank! *Ab.*
WEISLINGEN. Du bleibst! Sei auf deiner Hut, die Versuchung ist groß. Mein Pferd scheute, wie ich zum Schlosstor herein wollte, mein guter Geist stellte sich ihm entgegen, er kannte die Gefahren, die mein hier warteten. – Doch ist's nicht recht die vielen Geschäfte, die ich dem Bischof unvollendet liegen ließ, nicht wenigstens so zu ordnen, dass ein Nachfolger da anfangen kann, wo ich's gelassen habe. Das kann ich doch alles tun, unbeschadet Berlichingen und unserer Verbindung. Denn halten sollen sie mich hier nicht. – Wäre doch besser gewesen, wenn ich nicht gekommen wäre. Aber ich will fort – morgen oder übermorgen. *Geht ab.*

---

1 *dafür sein:* es verhindern

Im Spessart

Götz. Selbitz. Georg.

SELBITZ. Ihr seht, es ist gegangen, wie ich gesagt habe.
GÖTZ. Nein! Nein! Nein!
GEORG. Glaubt, ich berichte Euch mit der Wahrheit. Ich tat, wie Ihr befahlt, nahm den Kittel des Bambergischen und sein Zeichen und damit ich doch mein Essen und Trinken verdiente, geleitete ich Reineckische Bauern hinauf nach Bamberg.
SELBITZ. In der Verkappung[1]? Das hätte dir übel geraten können.
GEORG. So denk ich auch hintendrein. Ein Reitersmann, der das voraus denkt, wird keine weiten Sprünge machen. Ich kam nach Bamberg und gleich im Wirtshaus hörte ich erzählen: Weislingen und der Bischof seien ausgesöhnt und man redte viel von einer Heirat mit der Witwe des von Walldorf.
GÖTZ. Gespräche.
GEORG. Ich sah ihn, wie er sie zur Tafel führte. Sie ist schön, bei meinem Eid, sie ist schön. Wir bückten uns alle, sie dankte uns allen, er nickte mit dem Kopf, sah sehr vergnügt, sie gingen vorbei und das Volk murmelte: „Ein schönes Paar!"
GÖTZ. Das kann sein.
GEORG. Hört weiter. Da er des andern Tags in die Messe ging, passt ich meine Zeit ab. Er war allein mit einem Knaben. Ich stund unten an der Treppe und sagte leise zu ihm: „Ein paar Worte von Euerm Berlichingen." Er ward bestürzt; ich sahe das Geständnis seines Lasters in seinem Gesicht, er hatte kaum das Herz mich anzusehen, mich, einen schlechten[2] Reitersjungen.
SELBITZ. Das macht, sein Gewissen war schlechter als dein Stand.
GEORG. „Du bist Bambergisch?", sagt' er. – „Ich bring einen Gruß vom Ritter Berlichingen", sagt ich, „und soll fragen –" – „Komm morgen früh", sagt' er, „an mein Zimmer, wir wollen weiterreden."
GÖTZ. Kamst du?
GEORG. Wohl kam ich und musst im Vorsaal stehn, lang, lang. Und die seidnen Buben beguckten mich von vorn und hinten. Ich dachte, guckt ihr – Endlich führte man mich hinein, er schien böse, mir war's einerlei. Ich trat zu ihm und legte meine Kommission ab. Er tat feindlich böse, wie einer, der kein Herz hat und's nit will merken lassen. Er verwunderte sich, dass Ihr ihn durch einen Reitersjungen zur Rede setzen ließt. Das verdross mich. Ich sagte, es gäbe nur zweierlei Leut, brave und Schurken, und ich diente Götzen von Berlichingen. Nun fing er an, schwatzte allerlei verkehrtes Zeug, das darauf hinausging: Ihr hättet ihn übereilt, er sei Euch keine Pflicht schuldig und wolle nichts mit Euch zu tun haben.
GÖTZ. Hast du das aus seinem Munde?
GEORG. Das und noch mehr – Er drohte mir –

1 *Verkappung:* Maskierung
2 *schlecht:* schlicht

GÖTZ. Es ist genug! Der wäre nun auch verloren! Treu und Glaube, du hast mich wieder betrogen. Arme Marie! Wie werd ich dir's beibringen!
SELBITZ. Ich wollte lieber mein ander Bein dazu verlieren, als so ein Hundsfott[1] sein. *Ab.*

Bamberg

Adelheid. Weislingen.

ADELHEID. Die Zeit fängt mir an unerträglich lang zu werden; reden mag ich nicht und ich schäme mich mit Euch zu spielen. Langeweile, du bist ärger als ein kaltes Fieber.
WEISLINGEN. Seid Ihr mich schon müde?
ADELHEID. Euch nicht sowohl als Euern Umgang. Ich wollte, Ihr wärt, wo Ihr hinwolltet, und wir hätten Euch nicht gehalten.
WEISLINGEN. Das ist Weibergunst! Erst brütet sie, mit Mutterwärme, unsere liebsten Hoffnungen an; dann, gleich einer unbeständigen Henne, verlässt sie das Nest und übergibt ihre schon keimende Nachkommenschaft dem Tode und der Verwesung.
ADELHEID. Scheltet die Weiber! Der unbesonnene Spieler zerbeißt und zerstampft die Karten, die ihn unschuldigerweise verlieren machten. Aber lasst mich Euch was von Mannsleuten erzählen. Was seid denn ihr um von Wankelmut zu sprechen? Ihr, die ihr selten seid, was ihr sein solltet. Könige im Festtagsornat, vom Pöbel beneidet. Was gäb eine Schneidersfrau drum, eine Schnur Perlen um ihren Hals zu haben, von dem Saum eures Kleids, den eure Absätze verächtlich zurückstoßen!
WEISLINGEN. Ihr seid bitter.
ADELHEID. Es ist die Antistrophe[2] von Eurem Gesang. Eh ich Euch kannte, Weislingen, ging mir's wie der Schneidersfrau. Der Ruf, hundertzüngig, ohne Metapher[3] gesprochen, hatte Euch so zahnarztmäßig[4] herausgestrichen, dass ich mich überreden ließ zu wünschen: Möchtest du doch diese Quintessenz[5] des männlichen Geschlechts, den Phönix[6] Weislingen, zu Gesicht zu kriegen! Ich ward meines Wunders gewährt.
WEISLINGEN. Und der Phönix präsentierte sich als ein ordinärer Haushahn.
ADELHEID. Nein, Weislingen, ich nahm Anteil an Euch.
WEISLINGEN. Es schien so –

1 *Hundsfott:* Schurke
2 *Antistrophe:* hier: Entsprechung
3 *ohne Metapher:* ungekünstelt
4 *zahnarztmäßig:* laut wie die Marktschreier, zu denen damals auch die Zahnreißer gehörten
5 *Quintessenz:* hier: Verkörperung
6 *Phönix:* sagenhafter Vogel, der sich selbst verbrennt und immer wieder verjüngt aus der Asche steigt

Adelheid von Walldorf
(Karin Winkler) und
Weislingen (Jürgen Kloth)

ADELHEID. Und war. Denn wirklich, Ihr übertraft Euern Ruf. Die Menge schätzt nur den Widerschein des Verdienstes. Wie mir's denn nun geht, dass ich über die Leute nicht denken mag, denen ich wohl will; so lebten wir eine Zeit lang nebeneinander, es fehlte mir was und ich wusste nicht, was ich an Euch vermisste. Endlich gingen mir die Augen auf. Ich sah statt des aktiven Mannes, der die Geschäfte eines Fürstentums belebte, der sich und seinen Ruhm dabei nicht vergaß, der auf hundert großen Unternehmungen, wie auf übereinander gewälzten Bergen, zu den Wolken hinaufgestiegen war: Den sah ich auf einmal jammernd wie einen kranken Poeten, melancholisch wie ein gesundes Mädchen und müßiger als einen alten Junggesellen. Anfangs schrieb ich's Euerm Unfall zu, der Euch noch neu auf dem Herzen lag, und entschuldigte Euch, so gut ich konnte. Jetzt, da es von Tag zu Tage schlimmer mit Euch zu werden scheint, müsst Ihr mir verzeihen, wenn ich Euch meine Gunst entreiße. Ihr besitzt sie ohne Recht, ich schenkte sie einem andern[1] auf Lebenslang, der sie Euch nicht übertragen konnte.

WEISLINGEN. So lasst mich los.

ADELHEID. Nicht, bis alle Hoffnung verloren ist. Die Einsamkeit ist in diesen Umständen gefährlich. – Armer Mensch! Ihr seid so missmütig, wie einer, dem sein

---

1 *einem andern:* einem andern Weislingen, der in meiner Vorstellung ideale Züge trug

erstes Mädchen untreu wird, und eben darum geb ich Euch nicht auf. Gebt mir die Hand, verzeiht mir, was ich aus Liebe gesagt habe.
WEISLINGEN. Könntest du mich lieben, könntest du meiner heißen Leidenschaft einen Tropfen Linderung gewähren! Adelheid! deine Vorwürfe sind höchst ungerecht. Könntest du den hundertsten Teil ahnen von dem, was die Zeit her in mir arbeitet, du würdest mich nicht mit Gefälligkeit, Gleichgültigkeit und Verachtung so unbarmherzig hin und her zerrissen haben – Du lächelst! – Nach dem übereilten Schritt wieder mit mir selbst einig zu werden kostete mehr als einen Tag. Wider den Menschen zu arbeiten, dessen Andenken so lebhaft neu in der Liebe bei mir ist.
ADELHEID. Wunderlicher Mann, der du den lieben kannst, den du beneidest! Das ist, als wenn ich meinem Feinde Proviant zuführte.
WEISLINGEN. Ich fühl's wohl, es gilt hier kein Säumen. Er ist berichtet, dass ich wieder Weislingen bin, und er wird sich seines Vorteils über uns ersehen. Auch, Adelheid, sind wir nicht so träg, als du meinst. Unsere Reiter sind verstärkt und wachsam, unsere Unterhandlungen gehen fort und der Reichstag zu Augsburg soll hoffentlich unsere Projekte zur Reife bringen.
ADELHEID. Ihr geht hin?
WEISLINGEN. Wenn ich *eine* Hoffnung mitnehmen könnte! *Küsst ihre Hand.*
ADELHEID. O ihr Ungläubigen! Immer Zeichen und Wunder! Geh, Weislingen, und vollende das Werk. Der Vorteil des Bischofs, der deinige, der meinige, sie sind so verwebt, dass, wäre es auch nur der Politik wegen –
WEISLINGEN. Du kannst scherzen.
ADELHEID. Ich scherze nicht. Meine Güter hat der stolze Herzog inne, die deinigen wird Götz nicht lange ungeneckt[1] lassen; und wenn wir nicht zusammenhalten wie unsere Feinde und den Kaiser auf unsere Seite lenken, sind wir verloren.
WEISLINGEN. Mir ist's nicht bange. Der größte Teil der Fürsten ist unserer Gesinnung. Der Kaiser verlangt Hülfe gegen die Türken und dafür ist's billig, dass er uns wieder beisteht. Welche Wollust wird mir's sein, deine Güter von übermütigen Feinden zu befreien, die unruhigen Köpfe in Schwaben aufs Kissen[2] zu bringen, die Ruhe des Bistums, unser aller herzustellen. Und dann –?
ADELHEID. Ein Tag bringt den andern und beim Schicksal steht das Zukünftige.
WEISLINGEN. Aber wir müssen wollen.
ADELHEID. Wir wollen ja.
WEISLINGEN. Gewiss?
ADELHEID. Nun ja. Geht.
WEISLINGEN. Zauberin!

---

1 *ungeneckt:* ungeschoren
2 *Kissen:* Ruhekissen, das auch das Kissen des Toten sein kann

Herberge
Bauernhochzeit. Musik und Tanz draußen

Der Brautvater, Götz, Selbitz am Tische. Bräutigam tritt zu ihnen.

GÖTZ. Das Gescheiteste war, dass ihr euern Zwist so glücklich und fröhlich durch eine Heirat endigt.
BRAUTVATER. Besser, als ich mir's hätte träumen lassen. In Ruh und Fried mit meinem Nachbar und eine Tochter wohl versorgt dazu!
BRÄUTIGAM. Und ich im Besitz des strittigen Stücks und drüber den hübschten Backfisch im ganzen Dorf. Wollte Gott, Ihr hättet Euch eher drein geben.
SELBITZ. Wie lange habt ihr prozessiert?
BRAUTVATER. An die acht Jahre. Ich wollte lieber noch einmal so lang das Frieren haben, als von vorn anfangen. Das ist ein Gezerre, Ihr glaubt's nicht, bis man den Perücken ein Urteil vom Herzen reißt; und was hat man danach? Der Teufel hol den Assessor Sapupi[1]! 's is ein verfluchter schwarzer Italiener.
BRÄUTIGAM. Ja, das ist ein toller Kerl. Zweimal war ich dort.
BRAUTVATER. Und ich dreimal. Und seht, ihr Herrn: Kriegen wir ein Urteil endlich, wo ich so viel Recht hab als er und er so viel als ich und wir eben stunden wie die Maulaffen[2], bis mir unser Herrgott eingab ihm meine Tochter zu geben und das Zeug dazu.
GÖTZ *trinkt.* Gut Vernehmen künftig.
BRAUTVATER. Geb's Gott! Geh aber, wie's will, prozessieren tu ich mein Tag nit mehr. Was das ein Geldspiel[3] kost! Jeden Reverenz[4], den euch ein Prokurator[5] macht, müsst ihr bezahlen.
SELBITZ. Sind ja jährlich kaiserliche Visitationen[6] da.
BRAUTVATER. Hab nichts davon gehört. Ist mir mancher schöne Taler nebenaus gangen. Das unerhörte Blechen!
GÖTZ. Wie meint Ihr?
BRAUTVATER. Ach, da macht alles hohle Pfötchen. Der Assessor allein, Gott verzeih's ihm, hat mir achtzehn Goldgulden abgenommen.
BRÄUTIGAM. Wer?
BRAUTVATER. Wer anders als der Sapupi?
GÖTZ. Das ist schändlich.

1 *Assessor Sapupi:* durch Umstellung der Buchstaben aus Papius gebildet, dem Namen eines zu Goethes Zeiten wegen Bestechlichkeit entlassenen Assessors am Reichskammergericht in Wetzlar
2 *wie die Maulaffen:* sprachlos; entstanden durch Missverständnis aus der Wortverbindung: Maul offen
3 *Geldspiel:* eine Menge Geld
4 *Reverenz:* Verbeugung
5 *Prokurator:* Anwalt
6 *Visitationen:* Kontrollbesuche

BRAUTVATER. Wohl, ich musst ihm zwanzig erlegen. Und da ich sie ihm hingezahlt hatte, in seinem Gartenhaus, das prächtig ist, im großen Saal, wollt mir vor Wehmut fast das Herz brechen. Denn seht, eines Haus und Hof steht gut, aber wo soll bar Geld herkommen? Ich stund da, Gott weiß, wie mir's war. Ich hatte keinen roten Heller Reisegeld im Sack. Endlich nahm ich mir's Herz und stellt's ihm vor. Nun er sah, dass mir 's Wasser an die Seele ging, da warf er mir zwei davon zurück und schickt' mich fort.
BRÄUTIGAM. Es ist nicht möglich! Der Sapupi?
BRAUTVATER. Wie stellst du dich! Freilich! Kein andrer!
BRÄUTIGAM. Den soll der Teufel holen, er hat mir auch funfzehn Goldgülden abgenommen.
BRAUTVATER. Verflucht!
SELBITZ. Götz! Wir sind Räuber!
BRAUTVATER. Drum fiel das Urteil so scheel[1] aus. Du Hund!
GÖTZ. Das müsst ihr nicht ungerügt lassen.
BRAUTVATER. Was sollen wir tun?
GÖTZ. Macht euch auf nach Speier[2], es ist eben Visitationszeit, zeigt's an, sie müssen's untersuchen und euch zu dem Eurigen helfen.
BRÄUTIGAM. Denkt Ihr, wir treiben's durch?
GÖTZ. Wenn ich ihm über die Ohren dürfte, wollt ich's euch versprechen.
SELBITZ. Die Summe ist wohl einen Versuch wert.
GÖTZ. Bin ich wohl eher um des vierten Teils willen ausgeritten.
BRAUTVATER. Wie meinst du?
BRÄUTIGAM. Wir wollen, geh's wie's geh.

Georg kommt.

GEORG. Die Nürnberger sind im Anzug.
GÖTZ. Wo?
GEORG. Wenn wir ganz sachte reiten, packen wir sie zwischen Beerheim und Mühlbach im Wald.
SELBITZ. Trefflich!
GÖTZ. Kommt, Kinder. Gott grüß euch! Helf uns allen zum Unsrigen!
BAUER. Großen Dank! Ihr wollt nicht zum Nacht-Ims[3] bleiben?
GÖTZ. Können nicht. Adies.

---

1 *scheel:* einseitig
2 *Speier:* In Speyer war damals das Reichskammergericht.
3 *Ims:* Imbiss

Dritter Akt

Augsburg. Ein Garten

Zwei Nürnberger Kaufleute.

ERSTER KAUFMANN. Hier wollen wir stehn, denn da muss der Kaiser vorbei. Er kommt eben den langen Gang herauf.
ZWEITER KAUFMANN. Wer ist bei ihm?
ERSTER KAUFMANN. Adelbert von Weislingen!
ZWEITER KAUFMANN. Bambergs Freund! Das ist gut.
ERSTER KAUFMANN. Wir wollen einen Fußfall tun und ich will reden.
ZWEITER KAUFMANN. Wohl, da kommen sie.
Kaiser. Weislingen.
ERSTER KAUFMANN. Er sieht verdrießlich aus.
KAISER. Ich bin unmutig, Weislingen, und wenn ich auf mein vergangenes Leben zurücksehe, möcht ich verzagt werden; so viel halbe, so viel verunglückte Unternehmungen! und das alles, weil kein Fürst im Reich so klein ist, dem nicht mehr an seinen Grillen gelegen wäre als an meinen Gedanken.
Die Kaufleute werfen sich ihm zu Füßen.
KAUFMANN. Allerdurchlauchtigster! Großmächtigster!
KAISER. Wer seid ihr? Was gibt's?
KAUFMANN. Arme Kaufleute von Nürnberg, Eurer Majestät Knechte, und flehen um Hülfe. Götz von Berlichingen und Hans von Selbitz haben unser dreißig, die von der Frankfurter Messe kamen, im Bambergischen Geleite niedergeworfen und beraubt; wir bitten Eure Kaiserliche Majestät um Hülfe, um Beistand, sonst sind wir alle verdorbene Leute, genötigt unser Brot zu betteln.
KAISER. Heiliger Gott! Heiliger Gott! Was ist das? Der eine hat nur *eine* Hand, der andere nur *ein* Bein; wenn sie denn erst zwei Hände hätten und zwei Beine, was wolltet ihr dann tun?
KAUFMANN. Wir bitten Eure Majestät untertänigst auf unsere bedrängten Umstände ein mitleidiges Auge zu werfen.
KAISER. Wie geht's zu! Wenn ein Kaufmann einen Pfeffersack verliert, soll man das ganze Reich aufmahnen[1]; und wenn Händel vorhanden sind, daran Kaiserlicher Majestät und dem Reich viel gelegen ist, dass es Königreich, Fürstentum, Herzogtum und anders betrifft, so kann euch kein Mensch zusammenbringen.
WEISLINGEN. Ihr kommt zur ungelegnen Zeit. Geht und verweilt einige Tage hier.
KAUFLEUTE. Wir empfehlen uns zu Gnaden. *Ab.*

---

1 *das ganze Reich aufmahnen:* die gesamte Heeresmacht des Reiches aufbieten

KAISER. Wieder neue Händel. Sie wachsen nach wie die Köpfe der Hydra[1].
WEISLINGEN. Und sind nicht auszurotten als mit Feuer und Schwert und einer mutigen Unternehmung.
KAISER. Glaubt Ihr?
WEISLINGEN. Ich halte nichts für tunlicher, wenn Eure Majestät und die Fürsten sich über andern unbedeutenden Zwist vereinigen könnten. Es ist mitnichten ganz Deutschland, das über Beunruhigung klagt. Franken und Schwaben allein glimmt noch von den Resten des innerlichen verderblichen Bürgerkriegs. Und auch da sind viele der Edeln und Freien, die sich nach Ruhe sehnen. Hätten wir einmal diesen Sickingen, Selbitz – Berlichingen auf die Seite geschafft, das Übrige würde bald von sich selbst zerfallen. Denn *sie* sind's, deren Geist die aufrührische Menge belebt.
KAISER. Ich möchte die Leute gerne schonen, sie sind tapfer und edel. Wenn ich Krieg führte, müssten sie mit mir zu Felde.
WEISLINGEN. Es wäre zu wünschen, dass sie von jeher gelernt hätten ihrer Pflicht zu gehorchen. Und dann wär es höchst gefährlich ihre aufrührerischen Unternehmungen durch Ehrenstellen zu belohnen. Denn eben diese kaiserliche Mild und Gnade ist's, die sie bisher so ungeheuer missbrauchten, und ihr Anhang, der sein Vertrauen und Hoffnung darauf setzt, wird nicht ehe zu bändigen sein, bis wir sie ganz vor den Augen der Welt zunichte gemacht und ihnen alle Hoffnung jemals wieder emporzukommen völlig abgeschnitten haben.
KAISER. Ihr ratet also zur Strenge?
WEISLINGEN. Ich sehe kein ander Mittel den Schwindelgeist, der ganze Landschaften ergreift, zu bannen. Hören wir nicht schon hier und da die bittersten Klagen der Edeln, dass ihre Untertanen, ihre Leibeignen sich gegen sie auflehnen und mit ihnen rechten, ihnen die hergebrachte Oberherrschaft zu schmälern drohen, sodass die gefährlichsten Folgen zu fürchten sind?
KAISER. Jetzt wär eine schöne Gelegenheit wider den Berlichingen und Selbitz; nur wollt ich nicht, dass ihnen was zu Leid geschehe. Gefangen möcht ich sie haben und dann müssten sie Urfehde[2] schwören auf ihren Schlössern ruhig zu bleiben und nicht aus ihrem Bann[3] zu gehen. Bei der nächsten Session[4] will ich's vortragen.
WEISLINGEN. Ein freudiger beistimmender Zuruf wird Eurer Majestät das Ende der Rede ersparen. *Ab.*

---

1 *Hydra:* vielköpfiges Ungeheuer der antiken Mythologie, dem für jedes abgeschlagene Haupt zwei neue nachwuchsen
2 *Urfehde:* vertraglich geregeltes Ende einer Fehde
3 *Bann:* der grundherrliche Besitz
4 *Session:* Sitzung des Reichstages

Jagsthausen

Sickingen. Berlichingen.

SICKINGEN. Ja, ich komme Eure edle Schwester um ihr Herz und ihre Hand zu bitten.
GÖTZ. So wollt ich, Ihr wärt eher kommen. Ich muss Euch sagen: Weislingen hat während seiner Gefangenschaft ihre Liebe gewonnen, um sie angehalten und ich sagt sie ihm zu. Ich hab ihn losgelassen, den Vogel, und er verachtet die gütige Hand, die ihm in der Not Futter reichte. Er schwirrt herum weiß Gott auf welcher Hecke seine Nahrung zu suchen.
SICKINGEN. Ist das so?
GÖTZ. Wie ich sage.
SICKINGEN. Er hat ein doppeltes Band zerrissen. Wohl Euch, dass Ihr mit dem Verräter nicht näher verwandt worden.
GÖTZ. Sie sitzt, das arme Mädchen, verjammert und verbetet ihr Leben.
SICKINGEN. Wir wollen sie singen machen.
GÖTZ. Wie! Entschließet Ihr Euch eine Verlassne zu heiraten?
SICKINGEN. Es macht euch beiden Ehre von ihm betrogen worden zu sein. Soll darum das arme Mädchen in ein Kloster gehn, weil der erste Mann, den sie kannte, ein Nichtswürdiger war? Nein doch! ich bleibe darauf, sie soll Königin von meinen Schlössern werden.
GÖTZ. Ich sage Euch, sie war nicht gleichgültig gegen ihn.
SICKINGEN. Traust du mir nicht zu, dass ich den Schatten eines Elenden sollte verjagen können? Lass uns zu ihr! *Ab.*

Lager der Reichsexekution[1]

Hauptmann. Offiziere.

HAUPTMANN. Wir müssen behutsam gehn und unsere Leute so viel möglich schonen. Auch ist unsere gemessene Order[2] ihn in die Enge zu treiben und lebendig gefangen zu nehmen. Es wird schwerhalten, denn wer mag sich an ihn machen?
ERSTER OFFIZIER. Freilich! Und er wird sich wehren wie ein wildes Schwein. Überhaupt hat er uns sein Lebelang nichts zu Leid getan und jeder wird's von sich schieben Kaiser und Reich zu Gefallen Arm und Bein daranzusetzen.
ZWEITER OFFIZIER. Es wäre eine Schande, wenn wir ihn nicht kriegten. Wenn ich ihn nur einmal beim Lappen[3] habe, er soll nicht loskommen.

1 *Reichsexekution:* Truppen zum Vollzug der Reichsacht
2 *gemessene Order:* genau bezeichneter Auftrag
3 *Lappen:* Rockschoß

ERSTER OFFIZIER. Fasst ihn nur nicht mit Zähnen, er möchte Euch die Kinnbacken ausziehen. Guter junger Herr, dergleichen Leut packen sich nicht wie ein flüchtiger Dieb.
ZWEITER OFFIZIER. Wollen sehn.
HAUPTMANN. Unsern Brief[1] muss er nun haben. Wir wollen nicht säumen und einen Trupp ausschicken, der ihn beobachten soll.
ZWEITER OFFIZIER. Lasst mich ihn führen.
HAUPTMANN. Ihr seid der Gegend unkundig.
ZWEITER OFFIZIER. Ich hab einen Knecht, der hier geboren und erzogen ist.
HAUPTMANN. Ich bin's zufrieden. *Ab.*

Jagsthausen

Sickingen.

SICKINGEN. Es geht alles nach Wunsch; sie war etwas bestürzt über meinen Antrag und sah mich vom Kopf bis auf die Füße an; ich wette, sie verglich mich mit ihrem Weißfisch. Gott sei Dank, dass ich mich stellen darf. Sie antwortete wenig und durcheinander; desto besser! Es mag eine Zeit kochen. Bei Mädchen, die durch Liebesunglück gebeizt[2] sind, wird ein Heiratsvorschlag bald gar.
Götz kommt.
SICKINGEN. Was bringt Ihr, Schwager?
GÖTZ. In die Acht erklärt!
SICKINGEN. Was?
GÖTZ. Da lest den erbaulichen Brief. Der Kaiser hat Exekution gegen mich verordnet, die mein Fleisch den Vögeln unter dem Himmel und den Tieren auf dem Felde zu fressen vorschneiden soll[3].
SICKINGEN. Erst sollen *sie* dran. Just zur gelegenen Zeit bin ich hier.
GÖTZ. Nein, Sickingen, Ihr sollt fort. Eure großen Anschläge[4] könnten darüber zu Grunde gehn, wenn Ihr zu so ungelegner Zeit des Reichs Feind werden wolltet. Auch mir werdet Ihr weit mehr nutzen, wenn Ihr neutral zu sein scheint. Der Kaiser liebt Euch und das Schlimmste, das mir begegnen kann, ist gefangen zu werden; dann braucht Euer Vorwort[5] und reißt mich aus einem Elend, in das unzeitige Hülfe uns beide stürzen könnte. Denn was wär's? Jetzo geht der Zug gegen mich; erfahren sie du bist bei mir, so schicken sie mehr und wir sind um nichts gebessert. Der Kaiser sitzt an der Quelle und ich wär schon jetzt unwie-

1 *Brief:* Urkunde (mit der Achterklärung)
2 *gebeizt:* mürbe gemacht
3 *Der Kaiser ... vorschneiden soll:* leicht ironische Abwandlung der Formel zur Achterklärung
4 *Anschläge:* Pläne
5 *Vorwort:* Fürsprache

derbringlich verloren, wenn man Tapferkeit so geschwind einblasen könnte, als man einen Haufen zusammenblasen kann.
SICKINGEN. Doch kann ich heimlich ein zwanzig Reiter zu Euch stoßen lassen.
GÖTZ. Gut. Ich hab schon Georgen nach dem Selbitz geschickt und meine Knechte in der Nachbarschaft herum. Lieber Schwager, wenn meine Leute beisammen sind, es wird ein Häufchen sein, dergleichen wenig Fürsten beisammen gesehen haben.
SICKINGEN. Ihr werdet gegen die Menge wenig sein.
GÖTZ. Ein Wolf ist einer ganzen Herde Schafe zu viel.
SICKINGEN. Wenn sie aber eine guten Hirten haben?
GÖTZ. Sorg du. Es sind lauter Mietlinge. Und dann kann der beste Ritter nichts machen, wenn er nicht Herr von seinen Handlungen ist. So kamen sie mir auch einmal, wie ich dem Pfalzgrafen zugesagt hatte gegen Konrad Schotten zu dienen; da legt' er mir einen Zettel aus der Kanzlei vor, wie ich reiten und mich halten sollt; da warf ich den Räten das Papier wieder dar und sagt: Ich wüsst nicht darnach zu handln, ich weiß nicht, was mir begegnen mag, das steht nicht im Zettel, ich muss die Augen selbst auftun und sehn, was ich zu schaffen hab.
SICKINGEN. Glück zu, Bruder! Ich will gleich fort und dir schicken, was ich in der Eil zusammentreiben kann.
GÖTZ. Komm noch zu den Frauen, ich ließ sie beisammen. Ich wollte, dass du ihr Wort hättest ehe du gingst. Dann schick mir die Reiter und komm heimlich wieder Marien abzuholen, denn mein Schloss, fürcht ich, wird bald kein Aufenthalt für Weiber mehr sein.
SICKINGEN. Wollen das Beste hoffen. *Ab.*

Bamberg. Adelheidens Zimmer

Adelheid. Franz.

ADELHEID. So sind die beiden Exekutionen schon aufgebrochen?
FRANZ. Ja, und mein Herr hat die Freude gegen Eure Feinde zu ziehen. Ich wollte gleich mit, so gern ich zu Euch gehe. Auch will ich jetzt wieder fort um bald mit fröhlicher Botschaft wiederzukehren. Mein Herr hat mir's erlaubt.
ADELHEID. Wie steht's mit ihm?
FRANZ. Er ist munter. Mir befahl er Eure Hand zu küssen.
ADELHEID. Da – deine Lippen sind warm.
FRANZ *vor sich, auf die Brust deutend.* Hier ist's noch wärmer! *Laut.* Gnädige Frau, Eure Diener sind die glücklichsten Menschen unter der Sonne.
ADELHEID. Wer führt gegen Berlichingen?
FRANZ. Der von Sirau. Lebt wohl, beste gnädige Frau! Ich will wieder fort. Vergesst mich nicht.
ADELHEID. Du musst was essen, trinken und rasten.

FRANZ. Wozu das? Ich hab Euch ja gesehen. Ich bin nicht müd noch hungrig.
ADELHEID. Ich kenne deine Treu.
FRANZ. Ach, gnädige Frau!
ADELHEID. Du hältst's nicht aus, beruhige dich und nimm was zu dir.
5 FRANZ. Eure Sorgfalt für einen armen Jungen! *Ab.*
ADELHEID. Die Tränen stehn ihm in den Augen. Ich lieb ihn von Herzen. So wahr und warm hat noch niemand an mir gehangen. *Ab.*

Jagsthausen

Götz. Georg.

10 GEORG. Er will selbst mit Euch sprechen. Ich kenn ihn nicht; es ist ein stattlicher Mann, mit schwarzen feurigen Augen.
GÖTZ. Bring ihn herein. *Lerse kommt.*
GÖTZ. Gott grüß Euch! Was bringt Ihr?
LERSE. Mich selbst, das ist nicht viel, doch alles, was es ist, biet ich Euch an.
15 GÖTZ. Ihr seid mir willkommen, doppelt willkommen, ein braver Mann und zu dieser Zeit, da ich nicht hoffte neue Freunde zu gewinnen, eher den Verlust der alten stündlich fürchtete. Gebt mir Euern Namen.
LERSE. Franz Lerse.
GÖTZ. Ich danke Euch, Franz, dass Ihr mich mit einem braven Mann bekannt macht.
20 LERSE. Ich machte Euch schon einmal mit mir bekannt, aber damals danktet Ihr mir nicht dafür.
GÖTZ. Ich erinnere mich Eurer nicht.
LERSE. Es wäre mir leid. Wisst Ihr noch, wie Ihr um des Pfalzgrafen willen Konrad Schotten Feind wart und nach Haßfurt auf die Fastnacht reiten wolltet?
25 GÖTZ. Wohl weiß ich es.
LERSE. Wisst Ihr, wie Ihr unterwegs bei einem Dorf fünfundzwanzig Reitern entgegenkamt?
GÖTZ. Richtig. Ich hielt sie anfangs nur für zwölfe und teilt meinen Haufen, waren unser sechzehn, und hielt am Dorf hinter der Scheuer, in willens[1], sie sollten bei
30 mir vorbeiziehen. Dann wollt ich ihnen nachrucken, wie ich's mit dem andern Haufen abgeredt hatte.
LERSE. Aber wir sahn Euch und zogen auf eine Höhe am Dorf. Ihr zogt herbei und hieltet unten. Wie wir sahn, Ihr wolltet nicht heraufkommen, ritten wir herab.
GÖTZ. Da sah ich erst, dass ich mit der Hand in die Kohlen geschlagen[2] hatte. Fünf-
35 undzwanzig gegen acht! Da galt's kein Feiern. Erhard Truchseß durchstach mir ei-

1 *in willens:* in der Ansicht
2 *mit der Hand ... geschlagen:* die Finger verbrannt

nen Knecht, dafür rannt ich ihn vom Pferde. Hätten sie sich alle gehalten wie er und ein Knecht, es wäre mein und meines kleinen Häufchens übel gewahrt gewesen[1].
LERSE. Der Knecht, wovon Ihr sagtet –
GÖTZ. Es war der bravste, den ich gesehen habe. Er setzte mir heiß zu. Wenn ich dachte, ich hätt ihn von mir gebracht, wollte mit den andern zu schaffen haben, war er wieder an mir und schlug feindlich zu. Er hieb mir auch durch den Panzerärmel hindurch, dass es ein wenig gefleischt[2] hatte.
LERSE. Habt Ihr's ihm verziehen?
GÖTZ. Er gefiel mir mehr als zu wohl.
LERSE. Nun, so hoff ich, dass Ihr mit mir zufrieden sein werdet; ich hab mein Probstück an Euch selbst abgelegt.
GÖTZ. Bist du's? O willkommen, willkommen! Kannst du sagen, Maximilian, du hast unter deinen Dienern *einen* so geworben!
LERSE. Mich wundert, dass Ihr nicht eh auf mich gefallen seid.
GÖTZ. Wie sollte mir einkommen, dass der mir seine Dienste anbieten würde, der auf das feindseligste mich zu überwältigen trachtete?
LERSE. Eben das, Herr! Von Jugend auf dien ich als Reitersknecht und hab's mit manchem Ritter aufgenommen. Da wir auf Euch stießen, freut ich mich. Ich kannte Euern Namen und da lernt ich Euch kennen. Ihr wisst, ich hielt nicht stand; Ihr saht, es war nicht Furcht, denn ich kam wieder. Kurz, ich lernt Euch kennen und von Stund an beschloss ich Euch zu dienen.
GÖTZ. Wie lange wollt Ihr bei mir aushalten?
LERSE. Auf ein Jahr. Ohne Entgelt.
GÖTZ. Nein, Ihr sollt gehalten werden wie ein anderer und drüber, wie der, der mir bei Remlin zu schaffen machte.
Georg kommt.
GEORG. Hans von Selbitz lässt Euch grüßen. Morgen ist er hier mit funfzig Mann.
GÖTZ. Wohl.
GEORG. Es zieht am Kocher ein Trupp Reichsvölker[3] herunter; ohne Zweifel Euch zu beobachten.
GÖTZ. Wie viel?
GEORG. Ihrer funfzig.
GÖTZ. Nicht mehr! Komm, Lerse, wir wollen sie zusammenschmeißen, wenn Selbitz kommt, dass er schon ein Stück Arbeit getan findet.
LERSE. Das soll eine reichliche Vorlese werden.
GÖTZ. Zu Pferde! *Ab.*

---

1 *übel gewahrt:* schlecht ergangen
2 *gefleischt hatte:* eine Verletzung entstanden war
3 *Reichsvölker:* Reichstruppen

Wald an einem Morast

Zwei Reichsknechte begegnen einander.

ERSTER KNECHT. Was machst du hier?
ZWEITER KNECHT. Ich hab Urlaub[1] gebeten meine Notdurft zu verrichten. Seit dem blinden Lärmen gestern abends ist mir's in die Gedärme geschlagen, dass ich alle Augenblicke vom Pferd muss.
ERSTER KNECHT. Hält der Trupp hier in der Nähe?
ZWEITER KNECHT. Wohl eine Stunde den Wald hinauf.
ERSTER KNECHT. Wie verläufst du dich denn hieher?
ZWEITER KNECHT. Ich bitte dich, verrat mich nicht. Ich will aufs nächste Dorf und sehn, ob ich nit mit warmen Überschlägen[2] meinem Übel abhelfen kann. Wo kommst du her?
ERSTER KNECHT. Vom nächsten Dorf. Ich hab unserm Offizier Wein und Brot geholt.
ZWEITER KNECHT. So, er tut sich was zugut vor unserm Angesicht und wir sollen fasten! Schön Exempel!
ERSTER KNECHT. Komm mit zurück, Schurke.
ZWEITER KNECHT. Wär ich ein Narr! Es sind noch viele unterm Haufen, die gern fasteten, wenn sie so weit davon wären als ich.
ERSTER KNECHT. Hörst du! Pferde!
ZWEITER KNECHT. O weh!
ERSTER KNECHT. Ich klettere auf den Baum.
ZWEITER KNECHT. Ich steck mich ins Rohr[3].
Götz, Lerse, Georg, Knechte zu Pferde.
GÖTZ. Hier am Teich weg und linker Hand in den Wald, so kommen wir ihnen in Rücken.
Sie ziehen vorbei.
ERSTER KNECHT *steigt vom Baum.* Da ist nicht gut sein. Michel! Er antwortet nicht? Michel, sie sind fort! *Er geht nach dem Sumpf.* Michel! O weh, er ist versunken. Michel! Er hört mich nicht, er ist erstickt. Bist doch krepiert, du Memme[4]. – Wir sind geschlagen. Feinde, überall Feinde!
Götz, Georg zu Pferde.
GÖTZ. Halt, Kerl, oder du bist des Todes!
KNECHT. Schont meines Lebens!
GÖTZ. Dein Schwert! Georg, führ ihn zu den andern Gefangenen, die Lerse dort unten am Wald hat. Ich muss ihren flüchtigen Führer erreichen. *Ab.*

1 *Urlaub:* Erlaubnis sich von der Truppe zu entfernen
2 *Überschläge:* Umschläge
3 *Rohr:* Schilf
4 *Memme:* Feigling

KNECHT. Was ist aus unserm Ritter geworden, der uns führte?
GEORG. Unterst zu oberst stürzt' ihn mein Herr vom Pferd, dass der Federbusch im Kot stak. Seine Reiter huben ihn aufs Pferd und fort, wie besessen. *Ab.*

Lager

Hauptmann. Erster Ritter.

ERSTER RITTER. Sie fliehen von weitem dem Lager zu.
HAUPTMANN. Er wird ihnen an den Fersen sein. Lasst ein funfzig ausrücken bis an die Mühle; wenn er sich zu weit verliert, erwischt Ihr ihn vielleicht.
Ritter ab. – Zweiter Ritter geführt.
HAUPTMANN. Wie geht's, junger Herr? Habt Ihr ein paar Zinken abgerennt[1]?
RITTER. Dass dich die Pest! Das stärkste Geweih wäre gesplittert wie Glas. Du Teufel! Er rannt auf mich los, es war mir, als wenn mich der Donner in die Erd hineinschlüg.
HAUPTMANN. Dankt Gott, dass Ihr noch davongekommen seid.
RITTER. Es ist nichts zu danken, ein paar Rippen sind entzwei. Wo ist der Feldscher[2]? *Ab.*

Jagsthausen

Götz. Selbitz.

GÖTZ. Was sagst du zu der Achtserklärung, Selbitz?
SELBITZ. Es ist ein Streich von Weislingen.
GÖTZ. Meinst du?
SELBITZ. Ich meine nicht, ich weiß.
GÖTZ. Woher?
SELBITZ. Er war auf dem Reichstag, sag ich dir, er war um den Kaiser.
GÖTZ. Wohl, so machen wir ihm wieder einen Anschlag zunichte.
SELBITZ. Hoff's.
GÖTZ. Wir wollen fort! und soll die Hasenjagd angehn.

---

1 *Zinken abgerennt:* wie ein Hirsch ein paar Zacken vom Geweih abgerannt
2 *Feldscher:* Sanitäter

Lager

Hauptmann. Ritter.

HAUPTMANN. Dabei kommt nichts heraus, ihr Herrn. Er schlägt uns einen Haufen nach dem andern und was nicht umkommt und gefangen wird, das läuft in Gottes Namen lieber nach der Türkei als ins Lager zurück. So werden wir alle Tag schwächer. Wir müssen ein Mal für alle Mal ihm zu Leib gehen und das mit Ernst; ich will selbst dabei sein und er soll sehn, mit wem er es zu tun hat.
RITTER. Wir sind's all zufrieden; nur ist er der Landsart[1] so kundig, weiß alle Gänge und Schliche im Gebirg, dass er so wenig zu fangen ist wie eine Maus auf dem Kornboden.
HAUPTMANN. Wollen ihn schon kriegen. Erst auf Jagsthausen zu. Mag er wollen oder nicht, er muss herbei sein Schloss zu verteidigen.
RITTER. Soll unser ganzer Hauf marschieren?
HAUPTMANN. Freilich! Wisst Ihr, dass wir schon um Hundert geschmolzen sind?
RITTER. Drum geschwind, eh der ganze Eisklumpen auftaut; es macht warm in der Nähe und wir stehn da wie Butter an der Sonne. *Ab.*

Gebirg und Wald

Götz. Selbitz. Trupp.

GÖTZ. Sie kommen mit hellem Hauf[2]. Es war hohe Zeit, dass Sickingens Reiter zu uns stießen.
SELBITZ. Wir wollen uns teilen. Ich will linker Hand um die Höhe ziehen.
GÖTZ. Gut. Und du, Franz, führe mir die funfzig rechts durch den Wald hinauf; sie kommen über die Heide, ich will gegen ihnen halten[3]. Georg, du bleibst um mich. Und wenn Ihr seht, dass sie mich angreifen, so fallt ungesäumt in die Seiten. Wir wollen sie patschen[4]. Sie denken nicht, dass wir ihnen die Spitze bieten[5] können. *Ab.*

---

1 *Landsart:* Landschaft
2 *mit hellem Hauf:* mit großem Heeresaufgebot
3 *gegen ihnen halten:* ihnen von vorn entgegentreten
4 *patschen:* von allen Seiten schlagen
5 *ihnen die Spitze bieten:* es mit ihnen aufnehmen

Heide

Auf der einen Seite eine Höhe, auf der andern Wald.

Hauptmann. Exekutionszug.
HAUPTMANN. Er hält auf der Heide! Das ist impertinent[1]. Er soll's büßen. Was! Den Strom nicht zu fürchten, der auf ihn losbraust?
RITTER. Ich wollt nicht, dass Ihr an der Spitze rittet; er hat das Ansehn[2], als ob er den Ersten, der ihn anstoßen möchte, umgekehrt in die Erde pflanzen wollte. Reitet hinterdrein.
HAUPTMANN. Nicht gern.
RITTER. Ich bitt Euch. Ihr seid noch der Knoten von diesem Bündel Haselruten; löst ihn auf, so knickt er sie Euch einzeln wie Riedgras.
HAUPTMANN. Trompeter, blas! Und ihr blast ihn weg! *Ab.*
Selbitz hinter der Höhe hervor im Galopp.
SELBITZ. Mir nach! Sie sollen zu ihren Händen rufen: „Multipliziert euch!" *Ab.*
Lerse aus dem Wald.
LERSE. Götzen zu Hülf! Er ist fast umringt. Braver Selbitz, du hast schon Luft gemacht. Wir wollen die Heide mit ihren Distelköpfen besäen. *Vorbei.*
Getümmel.

Eine Höhe mit einem Wartturm

Selbitz verwundet. Knechte.

SELBITZ. Legt mich hieher und kehrt zu Götzen.
ERSTER KNECHT. Lasst uns bleiben, Herr, Ihr braucht unser.
SELBITZ. Steig einer auf die Warte und seh, wie's geht.
ERSTER KNECHT. Wie will ich hinaufkommen?
ZWEITER KNECHT. Steig auf meine Schultern, da kannst du die Lücke reichen und dir bis zur Öffnung hinaufhelfen.
ERSTER KNECHT *steigt hinauf.* Ach, Herr!
SELBITZ. Was siehest du?
ERSTER KNECHT. Eure Reiter fliehen der Höhe zu.
SELBITZ. Höllische Schurken! Ich wollt, sie stünden und ich hätt eine Kugel vorm Kopf. Reit einer hin! und fluch und wetter sie zurück. *Knecht ab.* Siehest du Götzen?
KNECHT. Die drei schwarzen Federn seh ich mitten im Getümmel.
SELBITZ. Schwimm, braver Schwimmer. Ich liege hier!
KNECHT. Ein weißer Federbusch, wer ist das?

1 *impertinent:* frech
2 *hat das Ansehen:* erweckt den Eindruck

Hans von Selbitz (Jan Aust), Georg (Raphael Clamer), Götz (Jürgen Watzke)

SELBITZ. Der Hauptmann.
KNECHT. Götz drängt sich an ihn – Bauz! Er stürzt.
SELBITZ. Der Hauptmann?
KNECHT. Ja, Herr.
5 SELBITZ. Wohl! Wohl!
KNECHT. Weh! Weh! Götzen seh ich nicht mehr.
SELBITZ. So stirb, Selbitz!
KNECHT. Ein fürchterlich Gedräng, wo er stund. Georgs blauer Busch verschwindt auch.
10 SELBITZ. Komm herunter. Siehst du Lersen nicht?
KNECHT. Nichts. Es geht alles drunter und drüber.
SELBITZ. Nichts mehr. Komm! Wie halten sich Sickingens Reiter?
KNECHT. Gut. – Da flieht einer nach dem Wald. Noch einer! Ein ganzer Trupp! Götz ist hin.
15 SELBITZ. Komm herab.
KNECHT. Ich kann nicht. – Wohl! Wohl! Ich sehe Götzen! Ich sehe Georgen!
SELBITZ. Zu Pferd?
KNECHT. Hoch zu Pferd! Sieg! Sieg! Sie fliehn.
SELBITZ. Die Reichstruppen?
20 KNECHT. Die Fahne mittendrin, Götz hintendrein. Sie zerstreuen sich. Götz erreicht den Fähndrich – Er hat die Fahn – Er hält. Eine Handvoll Menschen um ihn herum. Mein Kamerad erreicht ihn – Sie ziehn herauf.

Götz. Georg. Lerse. Ein Trupp.

SELBITZ. Glück zu, Götz! Sieg! Sieg!
GÖTZ *steigt vom Pferd.* Teuer! Teuer! Du bist verwundt, Selbitz?
SELBITZ. Du lebst und siegst! Ich habe wenig getan. Und meine Hunde von Reitern! Wie bist du davongekommen?
GÖTZ. Diesmal galt's! Und hier Georgen dank ich das Leben und hier Lersen dank ich's. Ich warf den Hauptmann vom Gaul. Sie stachen mein Pferd nieder und drangen auf mich ein. Georg hieb sich zu mir und sprang ab, ich wie der Blitz auf seinen Gaul, wie der Donner saß er auch wieder. Wie kamst du zum Pferd?
GEORG. Einem, der nach Euch hieb, stieß ich meinen Dolch in die Gedärme, wie sich sein Harnisch in die Höhe zog. Er stürzt' und ich half Euch von einem Feind und mir zu einem Pferde.
GÖTZ. Nun staken wir, bis sich Franz zu uns hereinschlug, und da mähten wir von innen heraus.
LERSE. Die Hunde, die ich führte, sollten von außen hineinmähen, bis sich unsere Sensen begegnet hätten; aber sie flohen wie Reichsknechte.
GÖTZ. Es flohe Freund und Feind. Nur du kleiner Hauf hieltest mir den Rücken frei; ich hatte mit den Kerls vor mir genug zu tun. Der Fall ihres Hauptmanns half mir sie schütteln und sie flohen. Ich habe ihre Fahne und wenig Gefangene.
SELBITZ. Der Hauptmann ist Euch entwischt?
GÖTZ. Sie hatten ihn inzwischen gerettet. Kommt, Kinder! kommt, Selbitz! – Macht eine Bahre von Ästen; – du kannst nicht aufs Pferd. Kommt in mein Schloss. Sie sind zerstreut. Aber unser sind wenig und ich weiß nicht, ob sie Truppen nachzuschicken haben. Ich will euch bewirten, meine Freunde. Ein Glas Wein schmeckt auf so einen Strauß[1].

Lager

Hauptmann.

HAUPTMANN. Ich möcht euch alle mit eigner Hand umbringen! Was, fortlaufen! Er hatte keine Handvoll Leute mehr! Fortzulaufen, vor *einem* Mann! Es wird's niemand glauben, als wer über uns zu lachen Lust hat. – Reit herum, ihr, und ihr, und ihr. Wo ihr von unsern zerstreuten Knechten findt, bringt sie zurück oder stecht sie nieder. Wir müssen die Scharten auswetzen und wenn die Klingen drüber zu Grunde gehen sollten.

---

1 *Strauß*: Scharmützel, Gefecht

Jagsthausen

Götz. Lerse. Georg.

GÖTZ. Wir dürfen keinen Augenblick säumen! Arme Jungen, ich darf euch keine Rast gönnen. Jagt geschwind herum und sucht noch Reiter aufzutreiben. Bestellt sie alle nach Weilern, da sind sie am sichersten. Wenn wir zögern, so ziehen sie mir vors Schloss. *Die zwei ab.* Ich muss einen auf Kundschaft ausjagen. Es fängt an heiß zu werden. Und wenn es nur noch brave Kerls wären! aber so ist's die Menge. *Ab.*
Sickingen. Maria.
MARIA. Ich bitte Euch, lieber Sickingen, geht nicht von meinem Bruder! Seine Reiter, Selbitzens, Eure sind zerstreut; er ist allein, Selbitz ist verwundet auf sein Schloss gebracht und ich fürchte alles.
SICKINGEN. Seid ruhig, ich gehe nicht weg.
Götz kommt.
GÖTZ. Kommt in die Kirch, der Pater wartet. Ihr sollt mir in einer Viertelstund ein Paar sein.
SICKINGEN. Lasst mich hier.
GÖTZ. In die Kirche sollt Ihr jetzt.
SICKINGEN. Gern – und darnach?
GÖTZ. Darnach sollt Ihr Eurer Wege gehn.
GÖTZ. Was gibt's?
SICKINGEN. Götz!
GÖTZ. Wollt Ihr nicht in die Kirche?
SICKINGEN. Kommt, kommt!

Lager

Hauptmann. Ritter.

HAUPTMANN. Wie viel sind's in allem?
RITTER. Hundertundfunfzig.
HAUPTMANN. Von vierhunderten! Das ist arg. Jetzt gleich auf und grad gegen Jagsthausen zu, eh er sich erholt und sich uns wieder in den Weg stellt.

Jagsthausen

Götz. Elisabeth. Maria. Sickingen.

GÖTZ. Gott segne euch, geb euch glückliche Tage und behalte die, die er euch abzieht, für eure Kinder.

ELISBAETH. Und die lass er sein, wie ihr seid: rechtschaffen! Und dann lasst sie werden, was sie wollen.

SICKINGEN. Ich dank euch. Und dank Euch, Maria. Ich führte Euch an den Altar und Ihr sollt mich zur Glückseligkeit führen.

MARIA. Wir wollen zusammen eine Pilgrimschaft[1] nach diesem fremden gelobten Lande antreten.

GÖTZ. Glück auf die Reise!

MARIA. So ist's nicht gemeint, wir verlassen Euch nicht.

GÖTZ. Ihr sollt, Schwester.

MARIA. Du bist sehr unbarmherzig, Bruder!

GÖTZ. Und Ihr zärtlicher als vorsehend.

Georg kommt.

GEORG *heimlich*. Ich kann niemand auftreiben. Ein einziger war geneigt; darnach veränderte er sich und wollte nicht.

GÖTZ. Gut, Georg. Das Glück fängt mir an wetterwendisch zu werden. Ich ahnt's aber. *Laut*. Sickingen, ich bitt Euch, geht noch diesen Abend. Beredet Marie. Sie ist Eure Frau. Lasst sie's fühlen. Wenn Weiber quer in unsere Unternehmung treten, ist unser Feind im freien Feld sichrer als sonst in der Burg.

Knecht kommt.

KNECHT *leise*. Herr, das Reichsfähnlein[2] ist auf dem Marsch, grad hieher, sehr schnell.

GÖTZ. Ich hab sie mit Rutenstreichen geweckt! Wie viel sind ihrer?

KNECHT. Ungefähr zweihundert. Sie können nicht zwei Stunden mehr von hier sein.

GÖTZ. Noch überm Fluss?

KNECHT. Ja, Herr.

GÖTZ. Wenn ich nur funfzig Mann hätte, sie sollten mir nicht herüber. Hast du Lersen nicht gesehen?

KNECHT. Nein, Herr.

GÖTZ. Biet[3] allen, sie sollen sich bereit halten. – Es muss geschieden sein, meine Lieben. Weine, meine gute Marie, es werden Augenblicke kommen, wo du dich freuen wirst. Es ist besser, du weinst an deinem Hochzeittag, als dass übergroße Freude der Vorbote künftigen Elends wäre. Lebt wohl, Marie. Lebt wohl, Bruder.

---

1 *Pilgrimschaft:* Pilgerfahrt
2 *Reichsfähnlein:* Abteilung des Reichsheeres
3 *Biet:* Befiehl

MARIA. Ich kann nicht von Euch, Schwester. Lieber Bruder, lass uns. Achtest du meinen Mann so wenig, dass du in dieser Extremität[1] seine Hülfe verschmähst?
GÖTZ. Ja, es ist weit mit mir gekommen. Vielleicht bin ich meinem Sturz nahe. Ihr beginnt zu leben und ihr sollt euch von meinem Schicksal trennen. Ich hab eure Pferde zu satteln befohlen. Ihr müsst gleich fort.
MARIA. Bruder! Bruder!
ELISABETH *zu Sickingen.* Gebt ihm nach! Geht!
SICKINGEN. Liebe Marie, lasst uns gehen.
MARIA. Du auch? Mein Herz wird brechen.
GÖTZ. So bleib denn. In wenigen Stunden wird meine Burg umringt sein.
MARIA. Weh! Weh!
GÖTZ. Wir werden uns verteidigen, so gut wir können.
MARIA. Mutter Gottes, hab Erbarmen mit uns!
GÖTZ. Und am Ende werden wir sterben oder uns ergeben. – Du wirst deinen edeln Mann mit mir in *ein* Schicksal geweint haben.
MARIA. Du marterst mich.
GÖTZ. Bleib! Bleib! Wir werden zusammen gefangen werden. Sickingen, du wirst mit mir in die Grube fallen! Ich hoffte, du solltest mir heraushelfen.
MARIA. Wir wollen fort. Schwester, Schwester!
GÖTZ. Bringt sie in Sicherheit und dann erinnert Euch meiner.
SICKINGEN. Ich will ihr Bette nicht besteigen, bis ich Euch außer Gefahr weiß.
GÖTZ. Schwester – liebe Schwester! *Küsst sie.*
SICKINGEN. Fort, fort!
GÖTZ. Noch einen Augenblick – Ich seh Euch wieder. Tröstet Euch. Wir sehn uns wieder.
Sickingen, Maria ab.
GÖTZ. Ich trieb sie und da sie geht, möcht ich sie halten. Elisabeth, du bleibst bei mir!
ELISABETH. Bis in den Tod. *Ab.*
GÖTZ. Wen Gott lieb hat, dem geb er so eine Frau!
Georg kommt.
GEORG. Sie sind in der Nähe, ich habe sie vom Turn gesehen. Die Sonne ging auf und ich sah ihre Piken blinken. Wie ich sie sah, wollt mir's nicht bänger werden, als einer Katze vor einer Armee Mäuse. Zwar wir spielen die Ratten.
GÖTZ. Seht nach den Torriegeln. Verrammelt's inwendig mit Balken und Steinen. *Georg ab.* Wir wollen ihre Geduld für'n Narren halten und ihre Tapferkeit sollen sie mir an ihren eigenen Nägeln verkäuen. *Trompeter von außen.* Aha! ein rotröckiger Schurke, der uns die Frage vorlegen wird, ob wir Hundsfötter sein wollen. *Er geht ans Fenster.* Was soll's?
Man hört in der Ferne reden.
GÖTZ *in seinen Bart.* Einen Strick um deinen Hals.
Trompeter redet fort.

1 *Extremität:* Notlage

GÖTZ. „Beleidiger der Majestät!" – Die Aufforderung hat ein Pfaff gemacht.
Trompeter endet.
GÖTZ *antwortet.* Mich ergeben! Auf Gnad und Ungnad! Mit wem redet Ihr! Bin ich ein Räuber! Sag deinem Hauptmann: Vor Ihro Kaiserliche Majestät hab ich, wie immer, schuldigen Respekt. Er aber, sag's ihm, er kann mich im Arsch lecken[1]. *Schmeißt das Fenster zu.*

Belagerung. Küche

Elisabeth. Götz zu ihr.

GÖTZ. Du hast viel Arbeit, arme Frau.
ELISABETH. Ich wollt, ich hätt sie lang. Wir werden schwerlich aushalten können.
GÖTZ. Wir hatten nicht Zeit uns zu versehen[2].
ELISABETH. Und die vielen Leute, die Ihr zeither gespeist habt. Mit dem Wein sind wir auch schon auf der Neige.
GÖTZ. Wenn wir nur auf einen gewissen Punkt halten, dass sie Kapitulation vorschlagen[3]. Wir tun ihnen brav Abbruch. Sie schießen den ganzen Tag und verwunden unsere Mauern und knicken unsere Scheiben. Lerse ist ein braver Kerl; er schleicht mit seiner Büchse herum; wo sich einer zu nahe wagt, blaff, liegt er.
KNECHT. Kohlen, gnädige Frau.
KNECHT. Die Kugeln sind alle, wir wollen neue gießen.
GÖTZ. Wie steht's Pulver?
KNECHT. So ziemlich. Wir sparen unsere Schüsse wohl aus[4].

Saal

Lerse mit einer Kugelform. Knecht mit Kohlen.

LERSE. Stell sie daher und seht, wo ihr im Hause Blei kriegt. Inzwischen will ich hier zugreifen. *Hebt ein Fenster aus und schlägt die Scheiben ein.* Alle Vorteile gelten. – So geht's in der Welt, weiß kein Mensch, was aus den Dingen werden kann. Der Glaser, der die Scheiben fasste, dachte gewiss nicht, dass das Blei einem seiner Urenkel garstiges Kopfweh machen könnte! und da mich mein Vater zeugte,

---

1 *im Arsch lecken:* Der Kraftausdruck wurde von Goethe in den späteren Drucken durch drei Striche ersetzt.
2 *versehen:* mit Vorräten ausstatten
3 *auf einen ... vorschlagen:* solange aushalten, bis sie über die Bedingungen der Unterwerfung verhandeln
4 *sparen ... aus:* gehen sparsam um

dachte er nicht, welcher Vogel unter dem Himmel, welcher Wurm auf der Erde mich fressen möchte.
Georg kommt mit einer Dachrinne.
GEORG. Da hast du Blei. Wenn du nur mit der Hälfte triffst, so entgeht keiner, der Ihro Majestät ansagen kann: „Herr, wir haben schlecht bestanden."
LERSE *haut davon.* Ein brav Stück.
GEORG. Der Regen mag sich einen andern Weg suchen! ich bin nicht bang davor; ein braver Reiter und ein rechter Regen kommen überall durch.
LERSE. *Er gießt.* Halt den Löffel. *Geht ans Fenster.* Da zieht so ein Reichsknappe mit der Büchse herum; sie denken, wir haben uns verschossen. Er soll die Kugel versuchen, warm wie sie aus der Pfanne kommt. *Lädt.*
GEORG *lehnt den Löffel an.* Lass mich sehn.
LERSE *schießt.* Da liegt der Spatz.
GEORG. Der schoss vorhin nach mir *sie gießen,* wie ich zum Dachfenster hinausstieg und die Rinne holen wollte. Er traf eine Taube, die nicht weit von mir saß, sie stürzt' in die Rinne; ich dankt ihm für den Braten und stieg mit der doppelten Beute wieder herein.
LERSE. Nun wollen wir wohl laden und im ganzen Schloss herumgehen, unser Mittagessen verdienen.
Götz kommt.
GÖTZ. Bleib, Lerse! Ich habe mit dir zu reden! Dich, Georg, will ich nicht von der Jagd abhalten.
Georg ab.
GÖTZ. Sie entbieten mir einen Vertrag.
LERSE. Ich will zu ihnen hinaus und hören, was es soll.
GÖTZ. Es wird sein: Ich soll mich auf Bedingungen in ritterlich Gefängnis stellen.
LERSE. Das ist nichts. Wie wär's, wenn sie uns freien Abzug eingestünden, da Ihr doch von Sickingen keinen Entsatz erwartet? Wir vergrüben Geld und Silber, wo sie's mit keiner Wünschelrute finden sollten, überließen ihnen das Schloss und kämen mit Manier[1] davon.
GÖTZ. Sie lassen uns nicht.
LERSE. Es kommt auf eine Prob an. Wir wollen um sicher Geleit rufen und ich will hinaus. *Ab.*

---

1 *mit Manier:* mit Anstand

Saal

Götz, Elisabeth, Georg, Knechte bei Tische.

GÖTZ. So bringt uns die Gefahr zusammen. Lasst's euch schmecken, meine Freunde! Vergesst das Trinken nicht. Die Flasche ist leer. Noch eine, liebe Frau. *Elisabeth zuckt die Achsel.* Ist keine mehr da?
ELISABETH *leise.* Noch *eine*; ich hab sie für dich beiseite gesetzt.
GÖTZ. Nicht doch, Liebe! Gib sie heraus. Sie brauchen Stärkung, nicht ich; es ist ja meine Sache.
ELISABETH. Holt sie draußen im Schrank!
GÖTZ. Es ist die letzte. Und mir ist's, als ob wir nicht zu sparen Ursach hätten. Ich bin lange nicht so vergnügt gewesen. *Schenkt ein.* Es lebe der Kaiser!
ALLE. Er lebe!
GÖTZ. Das soll unser vorletztes Wort sein, wenn wir sterben! Ich lieb ihn, denn wir haben einerlei Schicksal. Und ich bin noch glücklicher als er. Er muss den Reichsständen die Mäuse fangen, inzwischen die Ratten seine Besitztümer annagen. Ich weiß, er wünscht sich manchmal lieber tot, als länger die Seele eines so krüppligen Körpers zu sein. *Schenkt ein.* Es geht just noch einmal herum. Und wenn unser Blut anfängt auf die Neige zu gehen, wie der Wein in dieser Flasche erst schwach, dann tropfenweise rinnt *tröpfelt das Letzte in sein Glas,* was soll unser letztes Wort sein?
GEORG. Es lebe die Freiheit!
GÖTZ. Es lebe die Freiheit!
ALLE. Es lebe die Freiheit!
GÖTZ. Und wenn die uns überlebt, können wir ruhig sterben. Denn wir sehen im Geist unsere Enkel glücklich und die Kaiser unsrer Enkel glücklich. Wenn die Diener der Fürsten so edel und frei dienen wie ihr mir, wenn die Fürsten dem Kaiser dienen, wie ich ihm dienen möchte –
GEORG. Da müsst's viel anders werden.
GÖTZ. So viel nicht, als es scheinen möchte. Hab ich nicht unter den Fürsten treffliche Menschen gekannt und sollte das Geschlecht ausgestorben sein? Gute Menschen, die in sich und ihren Untertanen glücklich waren; die einen edeln freien Nachbar neben sich leiden konnten und ihn weder fürchteten noch beneideten; denen das Herz aufging, wenn sie viel ihresgleichen bei sich zu Tisch sahen und nicht erst die Ritter zu Hofschranzen umzuschaffen brauchten um mit ihnen zu leben.
GEORG. Habt Ihr solche Herrn gekannt?
GÖTZ. Wohl. Ich erinnere mich zeitlebens, wie der Landgraf von Hanau eine Jagd gab und die Fürsten und Herrn, die zugegen waren, unter freiem Himmel speisten und das Landvolk all herbeilief sie zu sehen. Das war keine Maskerade, die er sich selbst zu Ehren angestellt hatte. Aber die vollen runden Köpfe der Bursche und Mädel, die roten Backen alle, und die wohlhäbigen Männer und stattlichen Grei-

se und alles fröhliche Gesichter und wie sie teilnahmen an der Herrlichkeit ihres Herrn, der auf Gottes Boden unter ihnen sich ergetzte!
GEORG. Das war ein Herr, vollkommen wie Ihr.
GÖTZ. Sollten wir nicht hoffen, dass mehr solcher Fürsten auf einmal herrschen können? dass Verehrung des Kaisers, Fried und Freundschaft der Nachbarn und Lieb der Untertanen der kostbarste Familienschatz sein wird, der auf Enkel und Urenkel erbt[1]? Jeder würde das Seinige erhalten und in sich selbst vermehren, statt dass sie jetzo nicht zuzunehmen glauben, wenn sie nicht andere verderben.
GEORG. Würden wir hernach auch reiten[2]?
GÖTZ. Wollte Gott, es gäbe keine unruhige Köpfe in ganz Deutschland! wir würden noch immer zu tun genug finden. Wir wollten die Gebirge von Wölfen säubern, wollten unserm ruhig ackernden Nachbar einen Braten aus dem Wald holen und dafür die Suppe mit ihm essen. Wär uns das nicht genug, wir wollten uns mit unsern Brüdern, wie Cherubim[3] mit flammenden Schwertern, vor die Grenzen des Reichs gegen die Wölfe die Türken, gegen die Füchse die Franzosen lagern und zugleich unsers teuern Kaisers sehr ausgesetzte Länder und die Ruhe des Reichs beschützen. Das wäre ein Leben! Georg! wenn man seine Haut für die allgemeine Glückseligkeit dransetzte. *Georg springt auf.* Wo willst du hin?
GEORG. Ach ich vergaß, dass wir eingesperrt sind – und der Kaiser hat uns eingesperrt – und unsere Haut davonzubringen, setzen wir unsere Haut dran?
GÖTZ. Sei guten Muts.
Lerse kommt.
LERSE. Freiheit! Freiheit! Das sind schlechte Menschen, unschlüssige bedächtige Esel. Ihr sollt abziehen mit Gewehr, Pferden und Rüstung. Proviant sollt Ihr dahintenlassen.
GÖTZ. Sie werden sich kein Zahnweh dran kauen.
LERSE *heimlich.* Habt Ihr das Silber versteckt?
GÖTZ. Nein! Frau, geh mit Franzen, er hat dir was zu sagen.
Alle ab.

Schlosshof

GEORG *im Stall, singt.*
    Es fing ein Knab ein Vögelein,
        Hm! Hm!
    Da lacht' er in den Käfig 'nein,
        Hm! Hm!

1 *erbt:* vererbt wird
2 *reiten:* auf Abenteuer ziehen
3 *Cherubim:* Engel, die nach dem Alten Testament den Menschen die Rückkehr ins Paradies verwehren

        So! So!
          Hm! Hm!
   Der freut' sich traun[1] so läppisch,
          Hm! Hm!
5 Und griff hinein so täppisch,
          Hm! Hm!
        So! So!
          Hm! Hm!
   Da flog das Meislein auf ein Haus,
10   Hm! Hm!
   Und lacht' den dummen Buben aus,
          Hm! Hm!
        So! So!
          Hm! Hm!

GÖTZ. Wie steht's?
GEORG *führt sein Pferd heraus.* Sie sind gesattelt.
GÖTZ. Du bist fix.
GEORG. Wie der Vogel aus dem Käfig.
Alle die Belagerten.
GÖTZ. Ihr habt eure Büchsen? Nicht doch! Geht hinauf und nehmt die besten aus dem Rüstschrank, es geht in einem hin. Wir wollen vorausreiten.
GEORG.   Hm! Hm!
        So! So!
          Hm! Hm! *Ab.*

Saal

Zwei Knechte am Rüstschrank.

ERSTER KNECHT. Ich nehm die.
ZWEITER KNECHT. Ich die. Da ist noch eine schönere.
ERSTER KNECHT. Nicht doch! Mach, dass du fortkommst.
ZWEITER KNECHT. Horch!
ERSTER KNECHT *springt ans Fenster.* Hilf, heiliger Gott! sie ermorden unsern Herrn. Er liegt vom Pferd! Georg stürzt!
ZWEITER KNECHT. Wo retten wir uns! An der Mauer den Nussbaum hinunter ins Feld. *Ab.*
ERSTER KNECHT. Franz hält sich noch, ich will zu ihm. Wenn sie sterben, mag ich nicht leben. *Ab.*

---

1 *traun:* fürwahr

Vierter Akt

Wirtshaus zu Heilbronn

Götz.

GÖTZ. Ich komme mir vor wie der böse Geist[1], den der Kapuziner[2] in einen Sack beschwur. Ich arbeite mich ab und fruchte mir nichts[3]. Die Meineidigen!
Elisabeth kommt.
GÖTZ. Was für Nachrichten, Elisabeth, von meinen lieben Getreuen?
ELISABETH. Nichts Gewisses. Einige sind erstochen, einige liegen im Turn. Es konnte oder wollte niemand mir sie näher bezeichnen.
GÖTZ. Ist das Belohnung der Treue? des kindlichen Gehorsams? – Auf dass dir's wohl gehe und du lange lebest auf Erden!
ELISABETH. Lieber Mann, schilt unsern himmlischen Vater nicht. Sie haben ihren Lohn, er ward mit ihnen geboren, ein freies edles Herz. Lass sie gefangen sein, sie sind frei! Gib auf die deputierten[4] Räte Acht, die großen goldnen Ketten stehen ihnen zu Gesicht –
GÖTZ. Wie dem Schwein das Halsband. Ich möchte Georgen und Franzen geschlossen[5] sehn!
ELISABETH. Es wäre ein Anblick um Engel weinen zu machen.
GÖTZ. Ich wollt nicht weinen. Ich wollte die Zähne zusammenbeißen und an meinem Grimm kauen. In Ketten meine Augäpfel! Ihr lieben Jungen, hättet ihr mich nicht geliebt! – Ich würde mich nicht satt an ihnen sehen können. – Im Namen des Kaisers ihr Wort nicht zu halten!
ELISABETH. Entschlagt Euch dieser Gedanken. Bedenkt, dass Ihr vor den Räten erscheinen sollt. Ihr seid nicht gestellt[6] ihnen wohl zu begegnen und ich fürchte alles.
GÖTZ. Was wollen sie mir anhaben?
ELISABETH. Der Gerichtsbote!
GÖTZ. Esel der Gerechtigkeit! Schleppt ihre Säcke zur Mühle und ihren Kehrig aufs Feld. Was gibt's?
Gerichtsdiener kommt.
GERICHTSDIENER. Die Herren Kommissarii sind auf dem Rathause versammelt und schicken nach Euch.

1 *böse Geist:* Aberglaube, dass Dämonen in einem Sack gefangen werden können
2 *Kapuziner:* Angehöriger eines Bettelordens, dessen Mönche eine besonders lange und spitze Kapuze trugen
3 *fruchte mir nichts:* erreiche nichts
4 *deputiert:* abgeordnet (vom Kaiser)
5 *geschlossen:* gefesselt
6 *gestellt:* darauf eingestellt

GÖTZ. Ich komme.
GERICHTSDIENER. Ich werde Euch begleiten.
GÖTZ. Viel Ehre.
ELISABETH. Mäßigt Euch.
GÖTZ. Sei außer Sorgen. *Ab.*

Rathaus

Kaiserliche Räte. Hauptmann. Ratsherren von Heilbronn.

RATSHERR. Wir haben auf Euern Befehl die stärksten und tapfersten Bürger versammelt; sie warten hier in der Nähe auf Euern Wink um sich Berlichingens zu bemeistern.
ERSTER RAT. Wir werden Ihro Kaiserlichen Majestät Eure Bereitwilligkeit Ihrem höchsten Befehl zu gehorchen mit vielem Vergnügen zu rühmen wissen. – Es sind Handwerker?
RATSHERR. Schmiede, Weinschröter[1], Zimmerleute, Männer mit geübten Fäusten und hier wohl beschlagen[2] *auf die Brust deutend.*
RAT. Wohl.
Gerichtsdiener kommt.
GERICHTSDIENER. Götz von Berlichingen wartet vor der Tür.
RAT. Lasst ihn herein.
Götz kommt.
GÖTZ. Gott grüß euch, ihr Herrn, was wollt ihr mit mir?
RAT. Zuerst, dass Ihr bedenkt: wo Ihr seid? und vor wem?
GÖTZ. Bei meinem Eid, ich verkenn euch nicht, meine Herrn.
RAT. Ihr tut Eure Schuldigkeit.
GÖTZ. Von ganzem Herzen.
RAT. Setzt Euch.
GÖTZ. Da unten hin? Ich kann stehn. Das Stühlchen riecht so nach armen Sündern, wie überhaupt die ganze Stube.
RAT. So steht!
GÖTZ. Zur Sache, wenn's gefällig ist.
RAT. Wir werden in der Ordnung verfahren.
GÖTZ. Bin's wohl zufrieden, wollt, es wär von jeher geschehen.
RAT. Ihr wisst, wie Ihr auf Gnad und Ungnad in unsere Hände kamt.
GÖTZ. Was gebt Ihr mir, wenn ich's vergesse?
RAT. Wenn ich Euch Bescheidenheit geben könnte, würd ich Eure Sache gut machen.

1 *Weinschröter:* Weinfuhrleute
2 *beschlagen:* gewappnet

GÖTZ. Gut machen! Wenn Ihr das könntet! Dazu gehört freilich mehr als zum Verderben.
SCHREIBER. Soll ich das alles protokollieren?
RAT. Was zur Handlung gehört.
GÖTZ. Meinetwegen dürft Ihr's drucken lassen.
RAT. Ihr wart in der Gewalt des Kaisers, dessen väterliche Gnade an den Platz der majestätischen Gerechtigkeit trat, Euch anstatt eines Kerkers Heilbronn, eine seiner geliebten Städte, zum Aufenthalt anwies. Ihr verspracht mit einem Eid Euch, wie es einem Ritter geziemt, zu stellen und das Weitere demütig zu erwarten.
GÖTZ. Wohl, und ich bin hier und warte.
RAT. Und wir sind hier Euch Ihro Kaiserlichen Majestät Gnade und Huld zu verkünden. Sie verzeiht Euch Eure Übertretungen, spricht Euch von der Acht und aller wohlverdienten Strafe los, welches Ihr mit untertänigem Dank erkennen und dagegen die Urfehde abschwören[1] werdet, welche Euch hiermit vorgelesen werden soll.
GÖTZ. Ich bin Ihro Majestät treuer Knecht wie immer. Noch ein Wort, eh Ihr weitergeht: Meine Leute, wo sind die? Was soll mit Ihnen werden?
RAT. Das geht Euch nichts an.
GÖTZ. So wende der Kaiser sein Angesicht von Euch, wenn Ihr in Not steckt! Sie waren meine Gesellen und sind's. Wo habt Ihr sie hingebracht?
RAT. Wir sind Euch davon keine Rechnung[2] schuldig.
GÖTZ. Ah! Ich dachte nicht, dass Ihr nicht einmal zu dem verbunden seid, was Ihr versprecht, geschweige –
RAT. Unsere Kommission ist Euch die Urfehde vorzulegen. Unterwerft Euch dem Kaiser und Ihr werdet einen Weg finden um Eurer Gesellen Leben und Freiheit zu flehen.
GÖTZ. Euern Zettel.
RAT. Schreiber, leset!
SCHREIBER. „Ich Götz von Berlichingen bekenne öffentlich durch diesen Brief[3]: Dass, da ich mich neulich gegen Kaiser und Reich rebellischerweise aufgelehnt" –
GÖTZ. Das ist nicht wahr. Ich bin kein Rebell, habe gegen Ihro Kaiserliche Majestät nichts verbrochen und das Reich geht mich nichts an.
RAT. Mäßigt Euch und hört weiter.
GÖTZ. Ich will nichts weiter hören. Tret einer auf und zeuge! Hab ich wider den Kaiser, wider das Haus Österreich nur einen Schritt getan? Hab ich nicht von jeher durch alle Handlungen bewiesen, dass ich besser als einer fühle, was Deutschland seinen Regenten schuldig ist? und besonders was die Kleinen, die Ritter und Freien, ihrem Kaiser schuldig sind? Ich müsste ein Schurke sein, wenn ich mich könnte bereden lassen das zu unterschreiben.

1 *abschwören:* den Eid nachsprechen
2 *Rechnung:* Rechenschaft
3 *Brief:* Urkunde

RAT. Und doch haben wir gemessene Ordre Euch in der Güte zu überreden oder im Entstehungsfall[1] Euch in den Turn zu werfen.
GÖTZ. In Turn? mich?
RAT. Und daselbst könnt Ihr Euer Schicksal von der Gerechtigkeit erwarten, wenn Ihr es nicht aus den Händen der Gnade empfangen wollt.
GÖTZ. In Turn! Ihr missbraucht die Kaiserliche Gewalt. In Turn! Das ist sein Befehl nicht. Was! mir erst, die Verräter! eine Falle zu stellen und ihren Eid, ihr ritterlich Wort zum Speck drin aufzuhängen! Mir dann ritterlich Gefängnis zusagen und die Zusage wieder brechen.
RAT. Einem Räuber sind wir keine Treue schuldig.
GÖTZ. Trügst du nicht das Ebenbild des Kaisers, das ich in dem gesudeltsten Konterfei[2] verehre, du solltest mir den Räuber fressen[3] oder dran erwürgen[4]! Ich bin in einer ehrlichen Fehd begriffen. Du könntest Gott danken und dich vor der Welt groß machen, wenn du in deinem Leben eine so edle Tat getan hättest, wie die ist, um welcher willen ich gefangen sitze.
RAT winkt dem Ratsherrn, der zieht die Schelle.
GÖTZ. Nicht um des leidigen Gewinsts willen, nicht um Land und Leute unbewehrten Kleinen wegzukapern bin ich ausgezogen. Meinen Jungen zu befreien und mich meiner Haut zu wehren! Seht Ihr was Unrechtes dran? Kaiser und Reich hätten unsere Not nicht in ihrem Kopfkissen gefühlt. Ich habe Gott sei Dank noch *eine* Hand und habe wohl getan sie zu brauchen.
Bürger treten herein, Stangen in der Hand, Wehren[5] an der Seite.
GÖTZ. Was soll das?
RAT. Ihr wollt nicht hören. Fangt ihn!
GÖTZ. Ist das die Meinung[6]? Wer kein ungrischer Ochs ist, komm mir nicht zu nah! Er soll von dieser meiner rechten eisernen Hand eine solche Ohrfeige kriegen, die ihm Kopfweh, Zahnweh und alles Weh der Erden aus dem Grund kurieren soll. *Sie machen sich an ihn, er schlägt den einen zu Boden und reißt einem andern die Wehre von der Seite, sie weichen.* Kommt! Kommt! Es wäre mir angenehm den Tapfersten unter euch kennen zu lernen.
RAT. Gebt Euch.
GÖTZ. Mit dem Schwert in der Hand! Wisst Ihr, dass es jetzt nur an mir läge mich durch alle diese Hasenjäger durchzuschlagen und das weite Feld zu gewinnen? Aber ich will Euch lehren, wie man Wort hält. Versprecht mir ritterlich Gefängnis und ich gebe mein Schwert weg und bin wie vorher Euer Gefangener.
RAT. Mit dem Schwert in der Hand wollt Ihr mit dem Kaiser rechten?

---

1 *im Entstehungsfall:* falls das nicht gelingt
2 *Konterfei:* Bildnis
3 *fressen:* hier: zurücknehmen
4 *erwürgen:* ersticken
5 *Wehr:* Schwert
6 *Meinung:* Hintergedanke

Götz (Jürgen Watzke), Ratsherren und Bürger

GÖTZ. Behüte Gott! Nur mit Euch und Eurer edlen Kompanie¹. – Ihr könnt nach Hause gehn, gute Leute. Für die Versäumnis kriegt ihr nichts und zu holen ist hier nichts als Beulen.
RAT. Greift ihn. Gibt euch eure Liebe zu euerm Kaiser nicht mehr Mut?
GÖTZ. Nicht mehr, als ihnen der Kaiser Pflaster gibt die Wunden zu heilen, die sich ihr Mut holen könnte.
Gerichtsdiener kommt.
GERICHTSDIENER. Eben ruft der Türner: Es zieht ein Trupp von mehr als Zweihunderten nach der Stadt zu. Unversehens sind sie hinter der Weinhöhe hervorgedrungen und drohen unsern Mauern.
RATSHERR. Weh uns! was ist das?
Wache kommt.
WACHE. Franz von Sickingen hält vor dem Schlag² und lässt euch sagen: Er habe gehört, wie unwürdig man an seinem Schwager bundbrüchig geworden sei, wie die Herrn von Heilbronn allen Vorschub täten. Er verlange Rechenschaft, sonst wolle er binnen einer Stunde die Stadt an vier Ecken anzünden und sie der Plünderung preisgeben.
GÖTZ. Braver Schwager!
RAT. Tretet ab, Götz! – Was ist zu tun?

1 *Kompanie:* Gesellschaft
2 *Schlag:* Stadttor

RATSHERR. Habt Mitleiden mit uns und unserer Bürgerschaft! Sickingen ist unbändig in seinem Zorn, er ist Mann es zu halten.
RAT. Sollen wir uns und dem Kaiser die Gerechtsame vergeben[1]?
HAUPTMANN. Wenn wir nur Leute hätten sie zu behaupten. So aber könnten wir umkommen und die Sache wäre nur desto schlimmer. Wir gewinnen im Nachgeben.
RATSHERR. Wir wollen Götzen ansprechen für uns ein gut Wort einzulegen. Mir ist's, als wenn ich die Stadt schon in Flammen sähe.
RAT. Lasst Götzen herein.
GÖTZ. Was soll's?
RAT. Du würdest wohl tun deinen Schwager von seinem rebellischen Vorhaben abzumahnen. Anstatt dich vom Verderben zu retten stürzt er dich tiefer hinein, indem er sich zu deinem Falle gesellt.
GÖTZ *sieht Elisabeth an der Tür, heimlich zu ihr.* Geh hin! Sag ihm: Er soll unverzüglich hereinbrechen, soll hieher kommen, nur der Stadt kein Leids tun. Wenn sich die Schurken hier widersetzen, soll er Gewalt brauchen. Es liegt mir nichts dran umzukommen, wenn sie nur alle mit erstochen werden.

Ein großer Saal auf dem Rathaus

Sickingen. Götz.

Das ganze Rathaus ist mit Sickingens Reitern besetzt.

GÖTZ. Das war Hülfe vom Himmel! Wie kommst du so erwünscht und unvermutet, Schwager?
SICKINGEN. Ohne Zauberei. Ich hatte zwei, drei Boten ausgeschickt zu hören, wie dir's ginge? Auf die Nachricht von ihrem Meineid macht ich mich auf den Weg. Nun haben wir sie.
GÖTZ. Ich verlange nichts als ritterliche Haft.
SICKINGEN. Du bist zu ehrlich. Dich nicht einmal des Vorteils zu bedienen, den der Rechtschaffene über den Meineidigen hat! Sie sitzen im Unrecht, wir wollen ihnen keine Kissen unterlegen. Sie haben die Befehle des Kaisers schändlich missbraucht. Und wie ich Ihro Majestät kenne, darfst du sicher auf mehr dringen. Es ist zu wenig.
GÖTZ. Ich bin von jeher mit wenigem zufrieden gewesen.
SICKINGEN. Und bist von jeher zu kurz gekommen. Meine Meinung ist: Sie sollen deine Knechte aus dem Gefängnis und dich zusamt ihnen auf deinen Eid nach deiner Burg ziehen lassen. Du magst versprechen nicht aus deiner Terminei[2] zu gehen und wirst immer besser sein als hier.
GÖTZ. Sie werden sagen: Meine Güter seien dem Kaiser heimgefallen.

1 *die Gerechtsame vergeben:* auf die Rechte verzichten
2 *Terminei:* Grenzen seines grundherrlichen Besitzes

SICKINGEN. So sagen wir: Du wolltest zur Miete drin wohnen, bis sie dir der Kaiser wieder zu Lehn gäbe. Lass sie sich wenden wie Aale in der Reuse[1], sie sollen uns nicht entschlüpfen. Sie werden von Kaiserlicher Majestät reden, von ihrem Auftrag. Das kann uns einerlei sein. Ich kenne den Kaiser auch und gelte was bei ihm. Er hat immer gewünscht dich unter seinem Heer zu haben. Du wirst nicht lang auf deinem Schlosse sitzen, so wirst du aufgerufen werden.
GÖTZ. Wollte Gott bald, eh ich's Fechten verlerne.
SICKINGEN. Der Mut verlernt sich nicht, wie er sich nicht lernt. Sorge für nichts! Wenn deine Sachen in der Ordnung sind, geh ich nach Hof, denn meine Unternehmung fängt an reif zu werden. Günstige Aspekten[2] deuten mir: „Brich auf!" Es ist mir nichts übrig als die Gesinnung des Kaisers zu sondieren[3]. Trier und Pfalz vermuten eher des Himmels Einfall, als dass ich ihnen übern Kopf kommen werde. Und ich will kommen wie ein Hagelwetter! Und wenn wir unser Schicksal machen können, so sollst du bald der Schwager eines Kurfürsten sein. Ich hoffte auf deine Faust bei dieser Unternehmung.
GÖTZ *besieht seine Hand.* Oh! das deutete der Traum, den ich hatte, als ich tags darauf Marien an Weislingen versprach. Er sagte mir Treu zu und hielt meine rechte Hand so fest, dass sie aus den Armschienen ging, wie abgebrochen. Ach! Ich bin in diesem Augenblick wehrloser, als ich war da sie mir abgeschossen wurde. Weislingen! Weislingen!
SICKINGEN. Vergiss den Verräter. Wir wollen seine Anschläge vernichten, sein Ansehn untergraben und Gewissen und Schande sollen ihn zu Tode fressen. Ich seh, ich seh im Geist meine Feinde, deine Feinde niedergestürzt. Götz, nur noch ein halb Jahr!
GÖTZ. Deine Seele fliegt hoch. Ich weiß nicht; seit einiger Zeit wollen sich in der meinigen keine fröhlichen Aussichten eröffnen. – Ich war schon mehr im Unglück, schon einmal gefangen und so, wie mir's jetzt ist, war mir's niemals.
SICKINGEN. Glück macht Mut. Kommt zu den Perücken! Sie haben lang genug den Vortrag gehabt, lass uns einmal die Müh übernehmen. *Ab.*

Adelheidens Schloss

Adelheid. Weislingen.

ADELHEID. Das ist verhasst!
WEISLINGEN. Ich hab die Zähne zusammengebissen. Ein so schöner Anschlag, so glücklich vollführt, und am Ende ihn auf sein Schloss zu lassen! Der verdammte Sickingen!

1 *Reuse:* Fischernetz mit ganz enger Öffnung
2 *Günstige Aspekten:* Erfolg versprechende Umstände
3 *sondieren:* ermitteln

ADELHEID. Sie hätten's nicht tun sollen.
WEISLINGEN. Sie saßen fest. Was konnten sie machen? Sickingen drohte mit Feuer und Schwert, der hochmütige jähzornige Mann! Ich hass ihn. Sein Ansehn nimmt zu wie ein Strom, der nur einmal ein paar Bäche gefressen hat, die übrigen folgen von selbst.
ADELHEID. Hatten sie keinen Kaiser?
WEISLINGEN. Liebe Frau! Er ist nur der Schatten davon, er wird alt und missmutig. Wie er hörte, was geschehen war, und ich nebst den übrigen Regimentsräten[1] eiferte, sagte er: „Lasst ihnen Ruh! Ich kann dem alten Götz wohl das Plätzchen gönnen und wenn er da still ist, was habt ihr über ihn zu klagen?" Wir redeten vom Wohl des Staats. „Oh!", sagt' er, „hätt' ich von jeher Räte gehabt, die meinen unruhigen Geist mehr auf das Glück einzelner Menschen gewiesen hätten!"
ADELHEID. Er verliert den Geist eines Regenten.
WEISLINGEN. Wir zogen auf Sickingen los. – „Er ist mein treuer Diener", sagt' er; „hat er's nicht auf meinen Befehl getan, so tat er doch besser meinen Willen als meine Bevollmächtigten und ich kann's gutheißen, vor oder nach."
ADELHEID. Man möchte sich zerreißen.
WEISLINGEN. Ich habe deswegen noch nicht alle Hoffnung aufgegeben. Er ist auf sein ritterlich Wort auf sein Schloss gelassen sich da still zu halten. Das ist ihm unmöglich; wir wollen bald eine Ursach wider ihn haben.
ADELHEID. Und desto eher, da wir hoffen können, der Kaiser werde bald aus der Welt gehn, und Karl[2], sein trefflicher Nachfolger, majestätischere Gesinnungen verspricht.
WEISLINGEN. Karl? Er ist noch weder gewählt[3] noch gekrönt.
ADELHEID. Wer wünscht und hofft es nicht?
WEISLINGEN. Du hast einen großen Begriff von seinen Eigenschaften; fast sollte man denken, du sähest ihn mit andern Augen.
ADELHEID. Du beleidigst mich, Weislingen. Kennst du mich für das[4]?
WEISLINGEN. Ich sagte nichts dich zu beleidigen. Aber schweigen kann ich nicht dazu. Karls ungewöhnliche Aufmerksamkeit für dich beunruhigt mich.
ADELHEID. Und mein Betragen?
WEISLINGEN. Du bist ein Weib. Ihr hasst keinen, der euch hofiert.
ADELHEID. Aber ihr?
WEISLINGEN. Er frisst mir am Herzen, der fürchterliche Gedanke! Adelheid!
ADELHEID. Kann ich deine Torheit kurieren?
WEISLINGEN. Wenn du wolltest! Du könntest dich vom Hof entfernen.

1 *Regimentsräte:* Räte des Reichsregiments, mit dessen Hilfe Kurfürsten und übrige Reichsstände zeitweilig die Macht des Kaisers einschränken wollten
2 *Karl:* geb. 1500, seit 1516 König von Spanien, 1519–1556 als Karl V. deutscher Kaiser, starb 1558
3 *gewählt:* Die Wahl zog sich wegen interner und internationaler Verwicklungen außerordentlich lang hin.
4 *Kennst ... für das?:* Denkst du so über mich?

WEISLINGEN. Sage Mittel und Art. Bist du nicht bei Hofe? Soll ich dich lassen und meine Freunde um auf meinem Schloss mich mit den Uhus zu unterhalten? Nein, Weislingen, daraus wird nichts. Beruhige dich, du weißt, wie ich dich liebe.
WEISLINGEN. Der heilige Anker in diesem Sturm, solang der Strick nicht reißt. *Ab.*
ADELHEID. Fängst du's so an! Das fehlte noch. Die Unternehmungen meines Busens sind zu groß, als dass du ihnen im Wege stehen solltest. Karl! Großer trefflicher Mann, und Kaiser dereinst! und sollte er der Einzige sein unter den Männern, dem der Besitz meiner Gunst nicht schmeichelte? Weislingen, denke nicht mich zu hindern, sonst musst du in den Boden, mein Weg geht über dich hin.

Franz kommt mit einem Brief.
FRANZ. Hier, gnädige Frau.
ADELHEID. Gab dir Karl ihn selbst?
FRANZ. Ja.
ADELHEID. Was hast du? Du siehst so kummervoll.
FRANZ. Es ist Euer Wille, dass ich mich totschmachten soll; in den Jahren der Hoffnung macht Ihr mich verzweifeln.
ADELHEID. Er dauert mich – und wie wenig kostet's mich, ihn glücklich zu machen! Sei guten Muts, Junge. Ich fühle deine Lieb und Treu und werde nie unerkenntlich sein.
FRANZ *beklemmt.* Wenn Ihr das[1] fähig wärt, ich müsste vergehn. Mein Gott, ich habe keinen Blutstropfen in mir, der nicht Euer wäre, keinen Sinn als Euch zu lieben und zu tun, was Euch gefällt!
ADELHEID. Lieber Junge!
FRANZ. Ihr schmeichelt mir. *In Tränen ausbrechend.* Wenn diese Ergebenheit nichts mehr verdient als andere sich vorgezogen zu sehn, als Eure Gedanken alle nach dem Karl gerichtet zu sehn –
ADELHEID. Du weißt nicht, was du willst, noch weniger, was du redst.
FRANZ *vor Verdruss und Zorn mit dem Fuß stampfend.* Ich will auch nicht mehr. Will nicht mehr den Unterhändler abgeben.
ADELHEID. Franz! Du vergisst dich.
FRANZ. Mich aufzuopfern! Meinen lieben Herrn!
ADELHEID. Geh mir aus dem Gesicht.
FRANZ. Gnädige Frau!
ADELHEID. Geh, entdecke deinem lieben Herrn mein Geheimnis. Ich war die Närrin dich für was zu halten, das du nicht bist.
FRANZ. Liebe gnädige Frau, Ihr wisst, dass ich Euch liebe.
ADELHEID. Und du warst mein Freund, meinem Herzen so nahe. Geh, verrat mich.
FRANZ. Eher wollt ich mir das Herz aus dem Leibe reißen! Verzeiht mir, gnädige Frau. Mein Herz ist zu voll, meine Sinnen halten's nicht aus.
ADELHEID. Lieber warmer Junge! *Fasst ihn bei den Händen, zieht ihn zu sich und ihre Küsse begegnen einander; er fällt ihr weinend um den Hals.*

1 *das:* dessen

ADELHEID. Lass mich!
FRANZ *erstickend in Tränen an ihrem Hals.* Gott! Gott!
ADELHEID. Lass mich, die Mauern sind Verräter. Lass mich. *Macht sich los.* Wanke nicht von deiner Lieb und Treu und der schönste Lohn soll dir werden. *Ab.*
FRANZ. Der schönste Lohn! Nur bis dahin lass mich leben! Ich wollte meinen Vater ermorden, der mir diesen Platz streitig machte.

Jagsthausen

Jagsthausen. Götz an einem Tisch. Elisabeth bei ihm mit der Arbeit; es steht ein Licht auf dem Tisch und Schreibzeug.

GÖTZ. Der Müßiggang will mir gar nicht schmecken und meine Beschränkung wird mir von Tag zu Tag enger; ich wollt, ich könnt schlafen oder mir nur einbilden, die Ruhe sei was Angenehmes.
ELISABETH. So schreib doch deine Geschichte aus[1], die du angefangen hast. Gib deinen Freunden ein Zeugnis in die Hand deine Feinde zu beschämen; verschaff einer edlen Nachkommenschaft[2] die Freude dich nicht zu verkennen.
GÖTZ. Ach! Schreiben ist geschäftiger Müßiggang, es kommt mir sauer an. Indem ich schreibe, was ich getan, ärger ich mich über den Verlust der Zeit, in der ich etwas tun könnte.
ELISABETH *nimmt die Schrift.* Sei nicht wunderlich. Du bist eben an deiner ersten Gefangenschaft in Heilbronn.
GÖTZ. Das war mir von jeher ein fataler Ort.
ELISABETH *liest.* „Da waren selbst einige von den Bündischen[3], die zu mir sagten: Ich habe törig getan mich meinen ärgsten Feinden zu stellen, da ich doch vermuten konnte, sie würden nicht glimpflich mit mir umgehn; da antwortet ich:" Nun, was antwortetest du? Schreibe weiter.
GÖTZ. Ich sagte: „Setz ich so oft meine Haut an anderer Gut und Geld, sollt ich sie nicht an mein Wort setzen?"
ELISABETH. Diesen Ruf hast du.
GÖTZ. Den sollen sie mir nicht nehmen! Sie haben mir alles genommen. Gut, Freiheit –
ELISABETH. Es fällt in die Zeiten, wie ich die von Miltenberg und Singlingen in der Wirtsstube fand, die mich nicht kannten. Da hatt' ich eine Freude, als wenn ich einen Sohn geboren hätte. Sie rühmten dich untereinander und sagten: „Er ist das Muster eines Ritters, tapfer und edel in seiner Freiheit, und gelassen und treu im Unglück."

---

1 *schreib doch ... aus:* vollende deine Lebensbeschreibung
2 *Nachkommenschaft:* Nachwelt
3 *Bündische:* der schwäbische Bund

GÖTZ. Sie sollen mir *einen* stellen, dem ich mein Wort gebrochen! Und Gott weiß, dass ich mehr geschwitzt hab meinem Nächsten zu dienen, als mir, dass ich um den Namen eines tapfern und treuen Ritters gearbeitet habe, nicht um hohe Reichtümer und Rang zu gewinnen. Und Gott sei Dank, worum ich warb, ist mir worden.

Lerse. Georg mit Wildbret.

GÖTZ. Glück zu, brave Jäger!

GEORG. Das sind wir aus braven Reitern geworden. Aus Stiefeln machen sich leicht Pantoffeln.

LERSE. Die Jagd ist doch immer was, und eine Art von Krieg.

GEORG. Wenn man nur hierzulande nicht immer mit Reichsknechten zu tun hätte. Wisst Ihr, gnädiger Herr, wie Ihr uns prophezeiet: Wenn sich die Welt umkehrte, würden wir Jäger werden. Da sind wir's ohne das.

GÖTZ. Es kommt auf eins hinaus, wir sind aus unserm Kreise gerückt.

GEORG. Es sind bedenkliche Zeiten. Schon seit acht Tagen lässt sich ein fürchterlicher Komet sehen und ganz Deutschland ist in Angst, es bedeute den Tod des Kaisers, der sehr krank ist.

GÖTZ. Sehr krank! Unsere Bahn geht zu Ende.

LERSE. Und hier in der Nähe gibt's noch schrecklichere Veränderungen. Die Bauern haben einen entsetzlichen Aufstand erregt.

GÖTZ. Wo?

LERSE. Im Herzen von Schwaben. Sie sengen, brennen und morden. Ich fürchte, sie verheeren das ganze Land.

GEORG. Einen fürchterlichen Krieg gibt's. Es sind schon an die hundert Ortschaften aufgestanden, und täglich mehr. Der Sturmwind neulich hat ganze Wälder ausgerissen und kurz darauf hat man in der Gegend, wo der Aufstand begonnen, zwei feurige Schwerter kreuzweis in der Luft gesehn.

GÖTZ. Da leiden von meinen guten Herrn und Freunden gewiss unschuldig mit!

GEORG. Schade, dass wir nicht reiten dürfen!

Fünfter Akt

Bauernkrieg. Tumult in einem Dorf und Plünderung

Weiber und Alte mit Kindern und Gepäcke. Flucht.

ALTER. Fort! Fort! dass wir den Mordhunden entgehen.

WEIB. Heiliger Gott, wie blutrot der Himmel ist, die untergehende Sonne blutrot!

MUTTER. Das bedeutet Feuer.

WEIB. Mein Mann! Mein Mann!

ALTER. Fort! Fort! In Wald!
Ziehen vorbei. – Link.
LINK. Was sich widersetzt, niedergestochen! Das Dorf ist unser. Dass von Früchten nichts umkommt, nichts zurückbleibt. Plündert rein aus und schnell! Wir zünden gleich an.
Metzler vom Hügel heruntergelaufen.
METZLER. Wie geht's Euch, Link?
LINK. Drunter und drüber, siehst du, du kommst zum Kehraus[1]. Woher?
METZLER. Von Weinsberg. Da war ein Fest.
LINK. Wie?
METZLER. Wir haben sie zusammengestochen, dass eine Lust war.
LINK. Wen alles?
METZLER. Dietrich von Weiler tanzte vor. Der Fratz! Wir waren mit hellem wütigem Hauf[2] herum und er oben auf'm Kirchturn wollt gütlich mit uns handeln. Paff! Schoss ihn einer vorn Kopf. Wir hinauf wie Wetter[3] und zum Fenster herunter mit dem Kerl.
LINK. Ah!
METZLER *zu den Bauern.* Ihr Hund', soll ich euch Bein' machen! Wie sie zaudern und trenteln[4], die Esel.
LINK. Brennt an! sie mögen drin braten! Fort! Fahrt zu, ihr Schlingel!
METZLER. Darnach führten wir heraus den Helfenstein[5], den Eltershofen, an die dreizehn von Adel, zusammen auf achtzig. Herausgeführt auf die Ebne gegen Heilbronn. Das war ein Jubilieren und ein Tumultuieren von den Unsrigen, wie die lange Reih arme reiche Sünder daherzog, einander anstarrten, und Erd und Himmel! Umringt waren sie, ehe sie sich's versahen, und alle mit Spießen niedergestochen.
LINK. Dass ich nicht dabei war!
METZLER. Hab mein Tag so kein Gaudium gehabt.
LINK. Fahrt zu! Heraus!
BAUER. Alles ist leer.
LINK. So brennt an allen Ecken.
METZLER. Wird ein hübsch Feuerchen geben. Siehst du, wie die Kerls übereinander purzelten und quiekten wie die Frösche! Es lief mir so warm übers Herz wie ein Glas Branntwein! Da war ein Rixinger, wenn der Kerl sonst auf die Jagd ritt, mit dem Federbusch und weiten Naslöchern, und uns vor sich hertrieb mit den Hunden und wie die Hunde. Ich hatt' ihn die Zeit nicht gesehen, sein Fratzengesicht fiel mir recht auf. Hasch! den Spieß ihm zwischen die Rippen, da lag er, streckt'

---

1 *Kehraus:* Der Schluss des Gefechts wird verglichen mit dem letzten Tanz eines Festes.
2 *mit hellem ... Hauf:* mit großer Heeresmacht
3 *Wetter:* der Blitz
4 *trenteln:* trödeln
5 *Helfenstein:* Graf Ludwig von Helfenstein wurde in der Schlacht bei Weinsberg von den Bauern besonders grausam behandelt, seine Leiche grässlich verstümmelt.

alle vier über seine Gesellen. Wie die Hasen beim Treibjagen zuckten die Kerls übereinander.
LINK. Raucht schon brav.
METZLER. Dort hinten brennt's. Lass uns mit der Beute gelassen zu dem großen Haufen ziehen.
LINK. Wo hält er?
METZLER. Von Heilbronn hieher zu. Sie sind um einen Hauptmann verlegen, vor dem alles Volk Respekt hätt'. Denn wir sind doch nur ihresgleichen, das fühlen sie und werden schwürig[1].
LINK. Wen meinen sie?
METZLER. Max Stumpf oder Götz von Berlichingen.
LINK. Das wär gut, gäb auch der Sache einen Schein, wenn's der Götz tät; er hat immer für einen rechtschaffnen Ritter gegolten. Auf! Auf! wir ziehen nach Heilbronn zu! Ruft's herum.
METZLER. Das Feuer leucht uns noch eine gute Strecke. Hast du den großen Kometen gesehen?
LINK. Ja. Das ist ein grausam erschrecklich Zeichen! Wenn wir die Nacht durch ziehen, können wir ihn recht sehen. Er geht gegen eins auf.
METZLER. Und bleibt nur fünf Viertelstunden. Wie ein gebogner Arm mit einem Schwert sieht er aus, so blutgelbrot.
LINK. Hast du die drei Stern gesehen an des Schwerts Spitze und Seite?
METZLER. Und der breite wolkenfärbige Streif, mit tausend und tausend Striemen wie Spieß', und dazwischen wie kleine Schwerter.
LINK. Mir hat's gegraust. Wie das alles so bleichrot und darunter viel feurige helle Flamme und dazwischen die grausamen Gesichter mit rauchen[2] Häuptern und Bärten!
METZLER. Hast du die auch gesehn? Und das zwitzert[3] alles so durcheinander, als läg's in einem blutigen Meere, und arbeitet durcheinander, dass einem die Sinne vergehn!
LINK. Auf! Auf! *Ab.*

Feld

Man sieht in der Ferne zwei Dörfer brennen und ein Kloster.
Kohl. Wild. Max Stumpf. Haufen.

MAX STUMPF. Ihr könnt nicht verlangen, dass ich euer Hauptmann sein soll. Für mich und euch wär's nichts nütze. Ich bin Pfalzgrafischer Diener; wie sollt ich gegen meinen Herrn führen? Ihr würdet immer wähnen, ich tät nicht von Herzen.

1 *schwürig:* aufsässig
2 *rauch:* rau
3 *zwitzert:* glitzert

KOHL. Wussten wohl, du würdest Entschuldigung finden.
Götz, Lerse, Georg kommen.
GÖTZ. Was wollt ihr mit mir?
KOHL. Ihr sollt unser Hauptmann sein.
GÖTZ. Soll ich mein ritterlich Wort dem Kaiser brechen und aus meinem Bann gehen?
WILD. Das ist keine Entschuldigung.
GÖTZ. Und wenn ich ganz frei wäre und ihr wollt handeln wie bei Weinsberg an den Edeln und Herrn und so forthausen wie rings herum das Land brennt und blutet, und ich sollt euch behülflich sein zu euerm schändlichen rasenden Wesen – eher sollt ihr mich totschlagen wie einen wütigen Hund, als dass ich euer Haupt würde!
KOHL. Wäre das nicht geschehen, es geschähe vielleicht nimmermehr.
STUMPF. Das war eben das Unglück, dass sie keinen Führer hatten, den sie geehrt und der ihrer Wut Einhalt tun können. Nimm die Hauptmannschaft an, ich bitte dich, Götz. Die Fürsten werden dir Dank wissen, ganz Deutschland. Es wird zum Besten und Frommen aller sein. Menschen und Länder werden geschont werden.
GÖTZ. Warum übernimmst du's nicht?
STUMPF. Ich hab mich von ihnen losgesagt.
KOHL. Wir haben nicht Sattelhenkens[1] Zeit und langer unnötiger Diskurse. Kurz und gut. Götz, sei unser Hauptmann oder sieh zu deinem Schloss und deiner Haut. Und hiermit zwei Stunden Bedenkzeit. Bewacht ihn.
GÖTZ. Was braucht's das! Ich bin so gut entschlossen – jetzt als darnach. Warum seid ihr ausgezogen? Eure Rechte und Freiheiten wiederzuerlangen? Was wütet ihr und verderbt das Land! Wollt ihr abstehen von allen Übeltaten und handeln als wackre Leute, die wissen, was sie wollen, so will ich euch behülflich sein zu euern Forderungen und auf acht Tag euer Hauptmann sein.
WILD. Was geschehen ist, ist in der ersten Hitz geschehen, und braucht's deiner nicht uns künftig zu hindern.
KOHL. Auf ein Vierteljahr wenigstens musst du uns zusagen.
STUMPF. Macht vier Wochen, damit könnt ihr beide zufrieden sein.
GÖTZ. Meinetwegen.
KOHL. Eure Hand!
GÖTZ. Und gelobt mir den Vertrag, den ihr mit mir gemacht, schriftlich an alle Haufen zu senden, ihm bei Strafe streng nachzukommen.
WILD. Nun ja! Soll geschehen.
GÖTZ. So verbind ich mich euch auf vier Wochen.
STUMPF. Glück zu! Was du tust, schon unsern gnädigen Herrn den Pfalzgrafen.
KOHL *leise.* Bewacht ihn. Dass niemand mit ihm rede außer eurer Gegenwart.
GÖTZ. Lerse! Kehr[2] zu meiner Frau. Steh ihr bei. Sie soll bald Nachricht von mir haben.

---

1 *Sattelhenkens Zeit:* Zeit den Sattel an den Nagel zu hängen, also zur Ruhe zu kommen
2 *Kehr:* Geh zurück.

Götz, Stumpf, Georg, Lerse, einige Bauern ab. – Metzler, Link kommen.
METZLER. Was hören wir von einem Vertrag? Was soll der Vertrag?
LINK. Es ist schändlich, so einen Vertrag einzugehen.
KOHL. Wir wissen so gut, was wir wollen, als ihr, und haben zu tun und zu lassen.
WILD. Das Rasen und Brennen und Morden musste doch einmal aufhören, heut oder morgen! so haben wir noch einen braven Hauptmann dazu gewonnen.
METZLER. Was aufhören! Du Verräter! Warum sind wir da? Uns an unsern Feinden zu rächen, uns emporzuhelfen! – Das hat euch ein Fürstenknecht geraten.
KOHL. Komm, Wild, er ist wie ein Vieh. *Ab.*
METZLER. Geht nur! Wird euch kein Haufen zustehn[1]. Die Schurken! Link, wir wollen die andern aufhetzen, Miltenberg dort drüben anzünden und wenn's Händel setzt wegen des Vertrags, schlagen wir den Verträgern zusammen[2] die Köpf ab.
LINK. Wir haben doch den großen Haufen auf unsrer Seite.

Berg und Tal. Eine Mühle in der Tiefe

Ein Trupp Reiter. Weislingen kommt aus der Mühle mit Franzen und einem Boten.

WEISLINGEN. Mein Pferd! – Ihr habt's den andern Herrn auch angesagt?
BOTE. Wenigstens sieben Fähnlein werden mit Euch eintreffen, im Wald hinter Miltenberg. Die Bauern ziehen unten herum. Überall sind Boten ausgeschickt, der ganze Bund[3] wird in kurzem zusammen sein. Fehlen[4] kann's nicht; man sagt, es sei Zwist unter ihnen.
WEISLINGEN. Desto besser! – Franz!
FRANZ. Gnädiger Herr?
WEISLINGEN. Richt es pünktlich aus. Ich bind es dir auf deine Seele. Gib ihr den Brief. Sie soll vom Hof auf mein Schloss! Sogleich! Du sollst sie abreisen sehn und mir's dann melden.
FRANZ. Soll geschehen, wie Ihr befehlt.
WEISLINGEN. Sag ihr, sie *soll* wollen. *Zum Boten.* Führt uns nun den nächsten und besten Weg.
BOTE. Wir müssen umziehen[5]. Die Wasser sind von den entsetzlichen Regen alle ausgetreten[6].

1 *zustehn:* zu Hilfe kommen
2 *Verträgern zusammen:* beiden Vertragspartnern
3 *der ganze Bund:* die Truppen des ganzen Schwäbischen Bundes, die den Aufstand niederschlagen sollen
4 *Fehlen:* Fehlschlagen
5 *umziehen:* einen Umweg gehen
6 *ausgetreten:* über die Ufer getreten

Jagsthausen

Elisabeth. Lerse.

LERSE. Tröstet Euch, gnädige Frau!
ELISABETH. Ach, Lerse, die Tränen stunden ihm ihn den Augen, wie er Abschied von mir nahm. Es ist grausam, grausam!
LERSE. Er wird zurückkehren.
ELISABETH. Es ist nicht das. Wenn er auszog rühmlichen Sieg zu erwerben, da war mir's nicht weh ums Herz. Ich freute mich auf seine Rückkunft, vor der mir jetzt bang ist.
LERSE. Ein so edler Mann –
ELISABETH. Nenn ihn nicht so, das macht neu Elend. Die Bösewichter! Sie drohten ihn zu ermorden und sein Schloss anzuzünden. – Wenn er wiederkommen wird – ich seh ihn finster, finster. Seine Feinde werden lügenhafte Klagartikel schmieden und er wird nicht sagen können: Nein!
LERSE. Er wird und kann.
ELISABETH. Er hat seinen Bann gebrochen. Sag Nein!
LERSE. Nein! Er ward gezwungen; wo ist der Grund ihn zu verdammen?
ELISABETH. Die Bosheit sucht keine Gründe, nur Ursachen. Er hat sich zu Rebellen, Missetätern, Mördern gesellt, ist an ihrer Spitze gezogen. Sage Nein!
LERSE. Lasst ab Euch zu quälen und mich. Haben sie ihm nicht feierlich zugesagt keine Tathandlungen[1] mehr zu unternehmen, wie die bei Weinsberg? Hört ich sie nicht selbst halbreuig sagen: Wenn's nicht geschehen wär, geschäh's vielleicht nie? Müssten nicht Fürsten und Herrn ihm Dank wissen, wenn er freiwillig Führer eines unbändigen Volks geworden wäre um ihrer Raserei Einhalt zu tun und so viel Menschen und Besitztümer zu schonen?
ELISABETH. Du bist ein liebevoller Advokat. – Wenn sie ihn gefangen nähmen, als Rebell behandelten und sein graues Haupt – Lerse, ich möchte von Sinnen kommen.
LERSE. Sende ihrem Körper Schlaf, lieber Vater der Menschen, wenn du ihrer Seele keinen Trost geben willst!
ELISABETH. Georg hat versprochen Nachricht zu bringen. Er wird auch nicht dürfen, wie er will. Sie sind ärger als gefangen. Ich weiß, man bewacht sie wie Feinde. Der gute Georg! Er wollte nicht von seinem Herrn weichen.
LERSE. Das Herz blutete mir, wie er mich von sich schickte. Wenn *Ihr* nicht meiner Hülfe bedürftet, alle Gefahren des schmählichsten Todes sollten mich nicht von ihm getrennt haben.
ELISABETH. Ich weiß nicht, wo Sickingen ist. Wenn ich nur Marien einen Boten schicken könnte.
LERSE. Schreibt nur, ich will dafür sorgen. *Ab.*

1 *Tathandlungen:* Gewalttätigkeiten

Bei einem Dorf

Götz. Georg.

GÖTZ. Geschwind zu Pferde, Georg! ich sehe Miltenberg brennen. Halten sie so den Vertrag? Reit hin, sag ihnen die Meinung. Die Mordbrenner! Ich sage mich von ihnen los. Sie sollen einen Zigeuner zum Hauptmann machen, nicht mich. Geschwind, Georg. *Georg ab.* Wollt, ich wäre tausend Meilen davon und läg im tiefsten Turn, der in der Türkei steht. Könnt ich mit Ehren von ihnen kommen! Ich fahr ihnen alle Tag durch den Sinn, sag ihnen die bittersten Wahrheiten, dass sie mein müde werden und mich erlassen[1] sollen.

Ein Unbekannter.

UNBEKANNTER. Gott grüß Euch, sehr edler Herr.

GÖTZ. Gott dank Euch. Was bringt Ihr? Euern Namen?

UNBEKANNTER. Der tut nichts zur Sache. Ich komme Euch zu sagen, dass Euer Kopf in Gefahr ist. Die Anführer sind müde sich von Euch so harte Worte geben zu lassen, haben beschlossen Euch aus dem Weg zu räumen. Mäßigt Euch oder seht zu entwischen, und Gott geleit Euch. *Ab.*

GÖTZ. Auf diese Art dein Leben zu lassen, Götz, und so zu enden! Es sei drum! So ist mein Tod der Welt das sicherste Zeichen, dass ich nichts Gemeines mit den Hunden gehabt habe[2].

Einige Bauern.

ERSTER BAUER. Herr, Herr! Sie sind geschlagen, sie sind gefangen.

GÖTZ. Wer?

ZWEITER BAUER. Die Miltenberg verbrannt haben. Es zog sich ein Bündischer Trupp hinter dem Berg hervor und überfiel sie auf einmal.

GÖTZ. Sie erwartet ihr Lohn. – O Georg! Georg! – Sie haben ihn mit den Bösewichtern gefangen – Mein Georg! Mein Georg! –

Anführer kommen.

LINK. Auf, Herr Hauptmann, auf! Es ist nicht Säumens Zeit. Der Feind ist in der Nähe und mächtig.

GÖTZ. Wer verbrannte Miltenberg?

METZLER. Wenn Ihr Umstände machen wollt, so wird man Euch weisen, wie man keine macht.

KOHL. Sorgt für unsere Haut und Eure. Auf! Auf!

GÖTZ *zu Metzler.* Drohst du mir! Du Nichtswürdiger! Glaubst du, dass du mir fürchterlicher bist, weil des Grafen von Helfenstein Blut an deinen Kleidern klebt?

METZLER. Berlichingen!

GÖTZ. Du darfst meinen Namen nennen, und meine Kinder werden sich dessen nicht schämen.

1 *erlassen:* aus dem Vertrag entlassen
2 *nichts Gemeines ... gehabt habe:* nichts gemein gehabt habe

METZLER. Mit dir feigem Kerl! Fürstendiener!
GÖTZ haut ihn über den Kopf, dass er stürzt. Die anderen treten dazwischen.
KOHL. Ihr seid rasend. Der Feind bricht auf allen Seiten 'rein, und ihr hadert!
LINK. Auf! Auf!
Tumult und Schlacht. – Weislingen. Reiter.
WEISLINGEN. Nach! Nach! Sie fliehen. Lasst euch Regen und Nacht nicht abhalten. Götz ist unter ihnen, hör ich. Wendet Fleiß an, dass ihr ihn erwischt. Er ist schwer verwundet, sagen die Unsrigen. *Die Reiter ab.* Und wenn ich dich habe! – Es ist noch Gnade, wenn wir heimlich im Gefängnis dein Todesurteil vollstrecken. – So verlischt er vor dem Andenken der Menschen, und du kannst freier atmen, törichtes Herz. *Ab.*

Nacht, im wilden Wald. Zigeunerlager

Zigeunermutter am Feuer.

MUTTER. Flick das Strohdach über der Grube, Tochter, gibt hint Nacht[1] noch Regen genug.
Knab kommt.
KNAB. Ein Hamster, Mutter. Da! Zwei Feldmäus.
MUTTER. Will sie dir abziehen und braten und sollst eine Kapp haben von den Fellchen. – Du blutst?
KNAB. Hamster hat mich bissen.
MUTTER. Hol mir dürr Holz, dass das Feuer loh[2] brennt, wenn dein Vater kommt, wird nass sein durch und durch.
Andre Zigeunerin, ein Kind auf dem Rücken.
ERSTE ZIGEUNERIN. Hast du brav geheischen[3]?
ZWEITE ZIGEUNERIN. Wenig genug. Das Land ist voll Tumult herum, dass man seins Lebens nicht sicher ist. Brennen zwei Dörfer lichterloh.
ERSTE ZIGEUNERIN. Ist das dort drunten Brand, der Schein? Seh ihm schon lang zu. Man ist die Feuerzeichen am Himmel zeither so gewohnt worden.
Zigeunerhauptmann, drei Gesellen kommen.
HAUPTMANN. Hört ihr den wilden Jäger?
ERSTER ZIGEUNER. Er zieht grad über uns hin.
HAUPTMANN. Wie die Hunde bellen! Wau! Wau!
ZWEITER ZIGEUNER. Die Peitschen knallen.
DRITTER ZIGEUNER. Die Jäger jauchzen holla ho!
MUTTER. Bringt ja des Teufels sein Gepäck!

1 *hint nacht:* heute Nacht
2 *loh:* lodernd
3 *geheischen:* gebettelt

HAUPTMANN. Haben im Trüben gefischt. Die Bauern rauben selbst, ist's uns wohl vergönnt.
ZWEITE ZIGEUNERIN. Was hast du, Wolf?
WOLF. Einen Hasen, da, und einen Hahn; ein Bratspieß; ein Bündel Leinwand; drei Kochlöffel und ein Pferdzaum.
STICKS. Ein wullen Deck[1] hab ich, ein Paar Stiefeln und Zunder und Schwefel.
MUTTER. Ist alles pudelnass, wollen's trocknen, gebt her.
HAUPTMANN. Horch, ein Pferd! Geht! Seht, was ist.
Götz zu Pferd.
GÖTZ. Gott sei Dank! Dort seh ich Feuer, sind Zigeuner. Meine Wunden verbluten, die Feinde hinterher. Heiliger Gott, du endigst grässlich mit mir!
HAUPTMANN. Ist's Friede dass du kommst?
GÖTZ. Ich flehe Hülfe von euch. Meine Wunden ermatten mich. Helft mir vom Pferd!
HAUPTMANN. Helf ihm! Ein edler Mann, an Gestalt und Wort.
WOLF *leise*. Es ist Götz von Berlichingen.
HAUPTMANN. Seid willkommen! Alles ist Euer, was wir haben.
GÖTZ. Dank Euch.
HAUPTMANN. Kommt in mein Zelt.

Hauptmanns Zelt

Hauptmann. Götz.

HAUPTMANN. Ruft der Mutter, sie soll Blutwurzel[2] bringen und Pflaster.
GÖTZ *legt den Harnisch ab*.
HAUPTMANN. Hier ist mein Feiertagswams.
GÖTZ. Gott lohn's.
Mutter verbindt ihn.
HAUPTMANN. Ist mir herzlich lieb Euch zu haben.
GÖTZ. Kennt Ihr mich?
HAUPTMANN. Wer sollte Euch nicht kennen! Götz, unser Leben und Blut lassen wir für Euch.
Schricks.
SCHRICKS. Kommen durch den Wald Reiter. Sind Bündische.
HAUPTMANN. Eure Verfolger! Sie sollen nit bis zu Euch kommen! Auf, Schricks! Biete den andern! Wir kennen die Schliche besser als sie, wir schießen sie nieder, eh sie uns gewahr werden.
GÖTZ *allein*. O Kaiser! Kaiser! Räuber beschützen deine Kinder. *Man hört sie scharf schießen.* Die wilden Kerls, starr und treu!

1 *Ein wullen Deck:* eine wollene Decke
2 *Blutwurzel:* eine Heilpflanze

Zigeunerin.
ZIGEUNERIN. Rettet Euch! Die Feinde überwältigen.
GÖTZ. Wo ist mein Pferd?
ZIGEUNERIN. Hier bei.
GÖTZ *gürtet sich und sitzt auf ohne Harnisch.* Zum letzten Mal sollen sie meinen Arm fühlen. Ich bin so schwach noch nicht. *Ab.*
ZIGEUNERIN. Er sprengt zu den Unsrigen.
Flucht.
WOLF. Fort, fort! Alles ist verloren. Unser Hauptmann erschossen. Götz gefangen.
Geheul der Weiber und Flucht.

Adelheidens Schlafzimmer

Adelheid mit einem Brief.

ADELHEID. Er oder ich! Der Übermütige! Mir drohen! – Wir wollen dir zuvorkommen. Was schleicht durch den Saal? *Es klopft.* Wer ist draußen?
Franz leise.
FRANZ. Macht mir auf, gnädige Frau.
ADELHEID. Franz! Er verdient wohl, dass ich ihm aufmache. *Lässt ihn ein.*
FRANZ *fällt ihr um den Hals.* Liebe gnädige Frau.
ADELHHEID. Unverschämter! Wenn dich jemand gehört hätte.
FRANZ. O es schläft alles, alles!
ADELHEID. Was willst du?
FRANZ. Mich lässt's nicht ruhen. Die Drohungen meines Herrn, Euer Schicksal, mein Herz.
ADELHEID. Er war sehr zornig, als du Abschied nahmst?
FRANZ. Als[1] ich ihn nie gesehen. Auf ihre Güter soll sie, sagt' er, sie *soll* wollen.
ADELHEID. Und wir folgen?
FRANZ. Ich weiß nichts, gnädige Frau.
ADELHEID. Betrogener törichter Junge, du siehst nicht, wo das hinaus will. Hier weiß er mich in Sicherheit. Denn lange steht's ihm schon nach meiner Freiheit. Er will mich auf seine Güter. Dort hat er Gewalt mich zu behandeln, wie sein Hass ihm eingibt.
FRANZ. Er soll nicht!
ADELHEID. Wirst du ihn hindern?
FRANZ. Er soll nicht!
ADELHEID. Ich seh mein ganzes Elend voraus. Von seinem Schloss wird er mich mit Gewalt reißen, wird mich in ein Kloster sperren.
FRANZ. Hölle und Tod!

1 *Als:* Wie

ADELHEID. Wirst du mich retten?
FRANZ. Eh alles[1]! alles!
ADELHEID *die weinend ihn umhalst*. Franz, ach uns zu retten!
FRANZ. Er soll nieder, ich will ihm den Fuß auf den Nacken setzen.
5 ADELHEID. Keine Wut! Du sollst einen Brief an ihn haben, voll Demut, dass ich gehorche. Und dieses Fläschchen gieß ich ihm unter das Getränk.
FRANZ. Gebt. Ihr sollt frei sein!
ADELHEID. Frei! Wenn du nicht mehr zitternd auf deinen Zehen zu mir schleichen wirst – nicht mehr ich ängstlich zu dir sage: „Brich auf, Franz, der Morgen
10 kommt."

Heilbronn, vorm Turn

Elisabeth. Lerse.

LERSE. Gott nehm das Elend von Euch, gnädige Frau. Marie ist hier.
ELISABETH. Gott sei Dank! Lerse, wir sind in entsetzliches Elend versunken. Da ist's
15 nun, wie mir alles ahnete! Gefangen, als Meuter[2], Missetäter in den tiefsten Turn geworfen –
LERSE. Ich weiß alles.
ELISABETH. Nichts, nichts weißt du, der Jammer ist zu groß! Sein Alter, seine Wunden, ein schleichend Fieber und, mehr als alles das, die Finsternis seiner Seele, dass
20 es so mit ihm enden soll.
LERSE. Auch, und dass der Weislingen Kommissar ist.
ELISABETH. Weislingen?
LERSE. Man hat mit unerhörten Exekutionen verfahren. Metzler ist lebendig verbrannt, zu Hunderten gerädert, gespießt, geköpft, geviertelt. Das Land umher
25 gleicht einer Metzge[3], wo Menschenfleisch wohlfeil ist.
ELISABETH. Weislingen Kommissar! O Gott! Ein Strahl von Hoffnung. Marie soll mir zu ihm, er kann ihr nichts abschlagen. Er hatte immer ein weiches Herz und wenn er sie sehen wird, die er so liebte, die so elend durch ihn ist – Wo ist sie?
LERSE. Noch im Wirtshaus.
30 ELISABETH. Führe mich zu ihr. Sie muss gleich fort. Ich fürchte alles.

---

1 *Eh alles!:* wohl: Das auf jeden Fall!
2 *Meuter:* Meuterer
3 *Metzge:* Schlachthaus

Weislingens Schloss

Weislingen.

WEISLINGEN. Ich bin so krank, so schwach. Alle meine Gebeine sind hohl. Ein elendes Fieber hat das Mark ausgefressen. Keine Ruh und Rast, weder Tag noch Nacht. Im halben Schlummer giftige Träume. Die vorige Nacht begegnete ich Götzen im Wald. Er zog sein Schwert und forderte mich heraus. Ich fasste nach meinem, die Hand versagte mir. Da stieß er's in die Scheide, sah mich verächtlich an und ging hinter mich. – Er ist gefangen und ich zittre vor ihm. Elender Mensch! Dein Wort hat ihn zum Tode verurteilt und du bebst vor seiner Traumgestalt wie ein Missetäter! – Und soll er sterben? – Götz! Götz! – Wir Menschen führen uns nicht selbst; bösen Geistern ist Macht über uns gelassen, dass sie ihren höllischen Mutwillen an unserm Verderben üben. *Setzt sich.* – Matt! Matt! Wie sind meine Nägel so blau! – Ein kalter, kalter, verzehrender Schweiß lähmt mir jedes Glied. Es dreht mir alles vorm Gesicht. Könnt ich schlafen. Ach –

Maria tritt auf.

WEISLINGEN. Jesus Marie! – Lass mir Ruh! Lass mir Ruh! – Die Gestalt fehlte noch! Sie stirbt, Marie stirbt und zeigt sich mir an[1]. – Verlass mich, seliger Geist, ich bin elend genug.

MARIA. Weislingen, ich bin kein Geist. Ich bin Marie.

WEISLINGEN. Das ist ihre Stimme.

MARIA. Ich komme meines Bruders Leben von dir zu erflehen. Er ist unschuldig, so strafbar er scheint.

WEISLINGEN. Still, Marie! Du Engel des Himmels bringst die Qualen der Hölle mit dir. Rede nicht fort.

MARIA. Und mein Bruder soll sterben? Weislingen, es ist entsetzlich, dass ich dir zu sagen brauche: Er ist unschuldig; dass ich jammern muss dich von dem abscheulichsten Morde zurückzuhalten. Deine Seele ist bis in ihre innersten Tiefen von feindseligen Mächten besessen. Das ist Adelbert!

WEISLINGEN. Du siehst, der verzehrende Atem des Todes hat mich abgehaucht, meine Kraft sinkt nach dem Grabe. Ich stürbe als ein Elender und du kommst mich in Verzweiflung zu stürzen. Wenn ich reden könnte, dein höchster Hass würde in Mitleid und Jammer zerschmelzen. O Marie! Marie!

MARIA. Weislingen, mein Bruder verkranket[2] im Gefängnis. Seine schweren Wunden, sein Alter. Und wenn du fähig wärst sein graues Haupt – Weislingen, wir würden verzweifeln.

WEISLINGEN. Genug. *Zieht die Schelle.*
Franz in äußerster Bewegung.
FRANZ. Gnädiger Herr.

---

1 *Marie ... an:* Marie erscheint mir in ihrer Todesstunde.
2 *verkranket:* stirbt an einer Krankheit

WEISLINGEN. Die Papiere dort, Franz!
FRANZ *bringt sie.*
WEISLINGEN *reißt ein Paket auf und zeigt Marien ein Papier.* Hier ist deines Bruders Todesurteil unterschrieben.
MARIA. Gott im Himmel!
WEISLINGEN. Und so zerreiß ich's! Er lebt. Aber kann ich wieder schaffen, was ich zerstört habe? Weine nicht so, Franz! Guter Junge, dir geht mein Elend tief zu Herzen.
FRANZ *wirft sich vor ihm nieder und fasst seine Knie.*
MARIA *vor sich.* Er ist sehr krank. Sein Anblick zerreißt mir das Herz. Wie liebt ich ihn! und nun ich ihm nahe, fühl ich, wie lebhaft.
WEISLINGEN. Franz, steh auf und lass das Weinen! Ich kann wieder aufkommen. Hoffnung ist bei den Lebenden.
FRANZ. Ihr werdet nicht. Ihr müsst sterben.
WEISLINGEN. Ich muss?
FRANZ *außer sich.* Gift! Gift! Von Euerm Weibe! – Ich! Ich! *Rennt davon.*
WEISLINGEN. Marie, geh ihm nach. Er verzweifelt. *Maria ab.* Gift von meinem Weibe! Weh! Weh! Ich fühl's. Marter und Tod!
MARIA *inwendig.* Hülfe! Hülfe!
WEISLINGEN *will aufstehn.* Gott, vermag ich das nicht!
MARIA *kommt.* Er ist hin. Zum Saalfenster hinaus stürzt' er wütend in den Main hinunter.
WEISLINGEN. Ihm ist wohl. – Dein Bruder ist außer Gefahr. Die übrigen Kommissarien, Seckendorf besonders, sind seine Freunde. Ritterlich Gefängnis werden sie ihm auf sein Wort gleich gewähren. Leb wohl, Maria, und geh.
MARIA. Ich will bei dir bleiben, armer Verlassner.
WEISLINGEN. Wohl verlassen und arm! Du bist ein furchtbarer Rächer, Gott! – Mein Weib –
MARIA. Entschlage dich dieser Gedanken. Kehre dein Herz zu dem Barmherzigen.
WEISLINGEN. Geh, liebe Seele, überlass mich meinem Elend. – Entsetzlich! Auch deine Gegenwart, Marie, der letzte Trost, ist Qual.
MARIA *vor sich.* Stärke mich, o Gott! Meine Seele erliegt mit der seinigen.
WEISLINGEN. Weh! Weh! Gift von meinem Weibe! – Mein Franz verführt durch die Abscheuliche! Wie sie wartet, horcht auf den Boten, der ihr die Nachricht bringe: Er ist tot. Und du, Marie! Marie, warum bist du gekommen, dass du jede schlafende Erinnerung meiner Sünden wecktest! Verlass mich, dass ich sterbe.
MARIA. Lass mich bleiben. Du bist allein. Denk, ich sei deine Wärterin[1]. Vergiss alles. Vergesse dir Gott so alles, wie ich dir alles vergesse.
WEISLINGEN. Du Seele voll Liebe, bete für mich, bete für mich! Mein Herz ist verschlossen.
MARIA. Er wird sich deiner erbarmen. – Du bist matt.

1 *Wärterin:* Beschützerin

WEISLINGEN. Ich sterbe, sterbe und kann nicht ersterben¹. Und in dem fürchterlichen Streit des Lebens und Todes sind die Qualen der Hölle.
MARIA. Erbarmer, erbarme dich seiner! Nur *einen* Blick² deiner Liebe an sein Herz, dass es sich zum Trost öffne und sein Geist Hoffnung, Lebenshoffnung in den Tod hinüberbringe!

In einem finstern engen Gewölbe

Die Richter des heimlichen Gerichts. Alle vermummt.

ÄLTESTER. Richter des heimlichen Gerichts, schwurt auf Strang und Schwert unsträflich zu sein, zu richten im Verborgnen, zu strafen im Verborgnen Gott gleich! Sind eure Herzen rein und eure Hände, hebt die Arme empor, ruft über die Missetäter: „Wehe! Wehe!"
ALLE. Wehe! Wehe!
ÄLTESTER. Rufer, beginne das Gericht!
RUFER. Ich, Rufer, rufe die Klag gegen den Missetäter. Des Herz rein ist, dessen Händ rein sind zu schwören auf Strang und Schwert, der klage bei Strang und Schwert! klage! klage!
KLÄGER *tritt vor.* Mein Herz ist rein von Missetat, meine Hände von unschuldigem Blut. Verzeih mir Gott böse Gedanken und hemme den Weg zum Willen! Ich hebe meine Hand auf und klage! klage! klage!
ÄLTESTER. Wen klagst du an?
KLÄGER. Klage an auf Strang und Schwert Adelheiden von Weislingen. Sie hat Ehebruchs sich schuldig gemacht, ihren Mann vergiftet durch ihren Knaben. Der Knab hat sich selbst gerichtet, der Mann ist tot.
ÄLTESTER. Schwörst du zu dem Gott der Wahrheit, dass du Wahrheit klagst?
KLÄGER. Ich schwöre.
ÄLTESTER. Würd es falsch befunden, beutst du deinen Hals der Strafe des Mords und des Ehebruchs?
KLÄGER. Ich biete.
ÄLTESTER. Eure Stimmen.
Sie reden heimlich zu ihm.
KLÄGER. Richter des heimlichen Gerichts, was ist euer Urteil über Adelheiden von Weislingen, bezüchtigt des Ehebruchs und Mords?
ÄLTESTER. Sterben soll sie! sterben des bittern doppelten Todes; mit Strang und Dolch büßen doppelt doppelte Missetat. Streckt eure Hände empor und rufet Weh über sie! Weh! Weh! In die Hände des Rächers.
ALLE. Weh! Weh! Weh!

---

1 *ersterben:* die Erlösung im Tod finden
2 *Blick:* Strahl

ÄLTESTER. Rächer! Rächer, tritt auf.
RÄCHER *tritt vor.*
ÄLTESTER. Fass hier Strang und Schwert sie zu tilgen von dem Angesicht des Himmels, binnen acht Tage Zeit. Wo du sie findest, nieder mit ihr in Staub! – Richter, die ihr richtet im Verborgenen und strafet im Verborgenen Gott gleich, bewahrt euer Herz vor Missetat und eure Hände vor unschuldigem Blut.

Hof einer Herberge

Maria. Lerse.

MARIA. Die Pferde haben genug gerastet. Wir wollen fort, Lerse.
LERSE. Ruht doch bis an Morgen. Die Nacht ist gar zu unfreundlich.
MARIA. Lerse, ich habe keine Ruhe, bis ich meinen Bruder gesehen habe. Lass uns fort. Das Wetter hellt[1] sich aus, wir haben einen schönen Tag zu gewarten[2].
LERSE. Wie Ihr befehlt.

Heilbronn, im Turn

Götz. Elisabeth.

ELISABETH. Ich bitte dich, lieber Mann, rede mit mir. Dein Stillschweigen ängstet mich. Du verglühst in dir selbst. Komm, lass uns nach deinen Wunden sehen; sie bessern sich um vieles. In der mutlosen Finsternis erkenn ich dich nicht mehr.
GÖTZ. Suchtest du den Götz? Der ist lang hin. Sie haben mich nach und nach verstümmelt, meine Hand, meine Freiheit, Güter und guten Namen. Mein Kopf, was ist an dem? – Was hört Ihr von Georgen? Ist Lerse nach Georgen?
ELISABETH. Ja, Lieber! Richtet Euch auf, es kann sich vieles wenden.
GÖTZ. Wen Gott niederschlägt, der richtet sich selbst nicht auf. Ich weiß am besten, was auf meinen Schultern liegt. Unglück bin ich gewohnt zu dulden. Und jetzt ist's nicht Weislingen allein, nicht die Bauern allein, nicht der Tod des Kaisers und meine Wunden – Es ist alles zusammen. Meine Stunde ist gekommen. Ich hoffte, sie sollte sein wie mein Leben. *Sein* Wille geschehe.
ELISABETH. Willst du nicht was essen?
GÖTZ. Nichts, meine Frau. Sieh, wie die Sonne draußen scheint.
ELISABETH. Ein schöner Frühlingstag.

---

1 *hellt sich aus:* klart auf
2 *gewarten:* erwarten

GÖTZ. Meine Liebe, wenn du den Wächter bereden könntest mich in sein klein Gärtchen zu lassen auf eine halbe Stunde, dass ich der lieben Sonne genösse, des heitern Himmels und der reinen Luft.
ELISABETH. Gleich! und er wird's wohl tun.

Gärtchen am Turn

Maria. Lerse.

MARIA. Geh hinein und sieh, wie's steht.
Lerse ab. – Elisabeth. Wächter.
ELISABETH. Gott vergelt Euch die Lieb und Treu an meinem Herrn. *Wächter ab.* Maria, was bringst du?
MARIA. Meines Bruders Sicherheit. Ach, aber mein Herz ist zerrissen. Weislingen ist tot, vergiftet von seinem Weibe. Mein Mann ist in Gefahr. Die Fürsten werden ihm zu mächtig, man sagt, er sei eingeschlossen und belagert.
ELISABETH. Glaubt dem Gerüchte nicht. Und lasst Götzen nichts merken.
MARIA. Wie steht's um ihn?
ELISABETH. Ich fürchtete, er würde deine Rückkunft nicht erleben. Die Hand des Herrn liegt schwer auf ihm. Und Georg ist tot.
MARIA. Georg! der goldne Junge!
ELISABETH. Als die Nichtswürdigen Miltenberg verbrannten, sandte ihn sein Herr ihnen Einhalt zu tun. Da fiel ein Trupp Bündischer auf sie los. – Georg! hätten sie sich alle gehalten wie er, sie hätten alle das gute Gewissen haben müssen. Viel wurden erstochen und Georg mit: Er starb einen Reiterstod.
MARIA. Weiß es Götz?
ELISABETH. Wir verbergen's vor ihm. Er fragt mich zehnmal des Tags und schickt mich zehnmal des Tags zu forschen, was Georg macht. Ich fürchte seinem Herzen diesen letzten Stoß zu geben.
MARIA. O Gott, was sind die Hoffnungen dieser Erden!
Götz. Lerse. Wächter.
GÖTZ. Allmächtiger Gott! Wie wohl ist's einem unter deinem Himmel! Wie frei! – Die Bäume treiben Knospen und alle Welt hofft. Lebt wohl, meine Lieben; meine Wurzeln sind abgehauen, meine Kraft sinkt nach dem Grabe.
ELISABETH. Darf ich Lersen nach deinem Sohn ins Kloster schicken, dass du ihn noch einmal siehst und segnest?
GÖTZ. Lass ihn, er ist heiliger als ich, er braucht meinen Segen nicht. – An unsrem Hochzeittag, Elisabeth, ahnte mir's nicht, dass ich *so* sterben würde. – Mein alter Vater segnete uns und eine Nachkommenschaft von edeln tapfern Söhnen quoll aus seinem Gebet. – Du hast ihn nicht erhört und ich bin der Letzte. – Lerse, dein Angesicht freut mich in der Stunde des Todes mehr als im mutigsten Gefecht.

Damals führte mein Geist den eurigen; jetzt hältst du mich aufrecht. Ach dass ich Georgen noch einmal sähe, mich an seinem Blick wärmte! – Ihr seht zur Erden und weint – Er ist tot – Georg ist tot. – Stirb, Götz – du hast dich selbst überlebt, die Edeln überlebt. – Wie starb er? – Ach fingen sie ihn unter den Mordbrennern und er ist hingerichtet?

ELISABETH. Nein, er wurde bei Miltenberg erstochen. Er wehrte sich wie ein Löw um seine Freiheit.

GÖTZ. Gott sei Dank! – Er war der beste Junge unter der Sonne und tapfer. – Löse meine Seele nun! – Arme Frau! Ich lasse dich in einer verderbten Welt. Lerse, verlass sie nicht. – Schließt eure Herzen sorgfältiger als eure Tore. Es kommen die Zeiten des Betrugs, es ist ihm Freiheit gegeben. Die Nichtswürdigen werden regieren mit List und der Edle wird in ihre Netze fallen. Maria, gebe dir Gott deinen Mann wieder. Möge er nicht so tief fallen, als er hoch gestiegen ist! Selbitz starb, und der gute Kaiser, und mein Georg. – Gebt mir einen Trunk Wasser. – Himmlische Luft – Freiheit! Freiheit! *Er stirbt.*

ELISABETH. Nur droben, droben bei dir. Die Welt ist ein Gefängnis.

MARIA. Edler Mann! Edler Mann! Wehe dem Jahrhundert, das dich von sich stieß!

LERSE. Wehe der Nachkommenschaft, die dich verkennt!

MATERIALIEN

M 1   Der historische Götz

Götz von Berlichingen (1480–1562)

M 1.1   Biografie

Berlichingen, Götz (Gottfried) von, * Jagsthausen 1480, † Burg Hornberg (zu Neckarzimmern) 23. Juli 1562, Reichsritter.
Trat 1497 in die Dienste des Markgrafen Friedrich IV. von Brandenburg-Ansbach; verlor im Landshuter Erbfolgekrieg 1504 die rechte Hand, die durch eine kunstvoll gefertigte eiserne ersetzt wurde. Er beteiligte sich einige Jahre an zahlreichen Fehden, wodurch er sich die Feindschaft des Schwäbischen Bundes zuzog. Wegen eines Überfalls auf Kölner und Nürnberger Kaufleute wurde er 1512 von Maximilian I. geächtet, erneut 1518 wegen Unterstützung Franz von Sickingens. 1519 kämpfte er an der Seite Herzog Ulrichs von Württemberg gegen den Schwäbischen Bund und geriet für drei Jahre (bis 1522) in Gefangenschaft der Stadt Heilbronn. Er zog sich dann auf seine Burg Hornberg am Neckar zurück und wurde 1525 im Bauernkrieg durch den Odenwälder Haufen zur Übernahme der Hauptmannschaft gezwungen. Der an der Sache der Bauern innerlich nicht Beteiligte verließ seine Schar vor der Entscheidungsschlacht. Trotz Freispruchs durch das Reichskammergericht war er jahrelang in seiner Bewegungsfreiheit eingeschränkt und verbrachte den Rest seines Lebens – von Feldzügen in kaiserlichen Diensten nach Ungarn (1542) und Frankreich (1544) abgesehen – als Gutsherr. Als Achtzigjähriger schrieb er seinen Lebensbericht (hg. 1731), der Goethe als Quelle für sein Drama *Götz von B. mit der eisernen Hand* (1773) diente. Er war nicht der ideale Streiter für die deutsche Freiheit (Goethe), aber auch kein herabgekommener Raubritter.

Aus: Meyers Enzyklopädisches Lexikon Bd. 3, Mannheim, Wien, Zürich: Bibliographisches Institut 1971, S. 840

M 1.2   Fehde, Fehdewesen

Artikel aus dem *Lexikon des Mittelalters* (leicht gekürzt)

[I] *Allgemein:* Seit der Mitte des 19. Jh. wird das Fehdewesen als eines der Grundprinzipien des mittelalterlichen politischen und rechtlichen Lebens der Sippen- und Völkergemeinschaften in Nord- und Mitteleuropa gesehen. Seine Einschränkung und endliche Abschaffung in der Neuzeit gilt als Maßstab für das Fortschreiten auf den modernen Rechtsstaat hin. In den frühesten schriftlichen Zeugnissen der germanischen Stammesgemeinschaften sind Blutrache und Sippenfehde das zentrale Thema. Dabei entsteht die Fehde in früher Zeit fast immer aus der Blutrache, ist aber nicht identisch mit ihr. Der Kampf der männlichen Mitglieder zweier feindlicher Familienverbände war erbarmungslos und auf gründliche Ausrottung des Gegners bedacht. Auch Kinder wurden nicht geschont, wie man an der Tötung von Krimhilds Sohn mit einem der letzten Schwerthiebe im Nibelungenlied sieht.

So alt wie die Blutrache und Sippenfehde sind die Versuche diese durch Sühne und Komposition abzubrechen oder zumindest Regeln über die Fehdeführung allgemein geltend zu machen. Bewusst wird in den älteren Volksrechten das Wergeld[1] für den Getöteten hoch angesetzt, damit sich für die Sippe eine Einigung auch lohnte. Dennoch kam es häufig vor, dass der zur Zahlung verpflichtete Familienverband den Kampf weiterführte statt zu zahlen.

War der Verursacher eines Totschlags oder dessen Sippe zahlungsunfähig, so konnte er der Sippe des Getöteten zur Verknechtung oder als Ersatz der Arbeitskraft ausgeliefert werden. Von Anfang der Überlieferung an hat der Gekränkte oder Geschädigte die Möglichkeit zwischen der Fehde und der gerichtlichen Klage zu wählen. Auch der Rechtsgang war Kampf, sei es in Form des gerichtlichen Zweikampfes oder der Überwindung der gegnerischen Partei durch Eideshelfer. Schon in ältester Zeit werden erfahrene Schiedsleute zwischen den verfeindeten Parteien vermittelt haben.

Ein anderes Mittel zur Eindämmung der Fehde waren die durch königliche Macht erzwungenen Abschlüsse von regionalen Sonderfrieden oder bedingter Friedenszeiten, an denen besonders auch die Kirche beteiligt war.

Der Gottesfrieden galt für bestimmte heilige Zeiten wie Weihnachten und die Fasten und nahm Personengruppen (Kleriker, Frauen, den Bauern hinter dem Pflug) von Angriffen der Fehdeführenden aus. Die Wirkung der zunächst in Frankreich, seit dem Ende des 11. Jh. auch im deutschen Reichsgebiet ausgesprochenen Gottesfriedensgebote war eher gering. Doch wurden die Gottesfrieden zu Vorläufern der seit etwa 1100 einsetzenden Landfriedensbewegung.

[2] *Regeln der Fehdeführung*: Fehdeführung unterlag seit dem hohen Mittelalter bestimmten Regeln, rechte und unrechte Fehde wurde von den Zeitgenossen, wie schriftliche Zeugnisse zeigen, deutlich unterschieden. Die rechte Fehde bedurfte eines allgemein anerkannten Anlasses. Dieser konnte z. B. in einer abgewiesenen gerichtlichen Klage bestehen. Wer „sein Recht" nicht bekam, durfte zum Mittel der Fehde greifen. Doch ist zumeist, wie schon in älterer Zeit, Schädigung oder Ehrenkränkung, aber auch die Aussage, der Gegner habe wider das Recht gehandelt, oder einfach Feindschaft als allgemein verständliches Argument zu nennen. Grundsätzlich stand das Recht, Fehde zu führen, nur dem rittermäßigen Manne zu, nicht Bauern und Bürgern, Klerikern, Juden und Frauen. Die Definition des rittermäßigen Mannes konnte aber in den einzelnen Landschaften sehr verschieden sein und neben der ritterlichen Fehde stand bis ins 16. Jh. berechtigt auch die Blutrache oder Totschlagsfehde der Bauern und Bürger. Deren Rechtsansprüche wurden gewöhnlich vom Grundherren oder Stadtrat vertreten, wenn der Einzelne es verstand, seinen Rechtsfall fehdefähig zu machen. Fehden erklärten, besonders im späten Mittelalter, auch die Städte gegen den umwohnenden Adel, der Landesherr gegen widersätzliche Adli-

---

1 *Wergeld:* ahd. *wer:* Mann; Sühnegeld, das der Täter an die Sippe eines getöteten Mannes zahlen musste

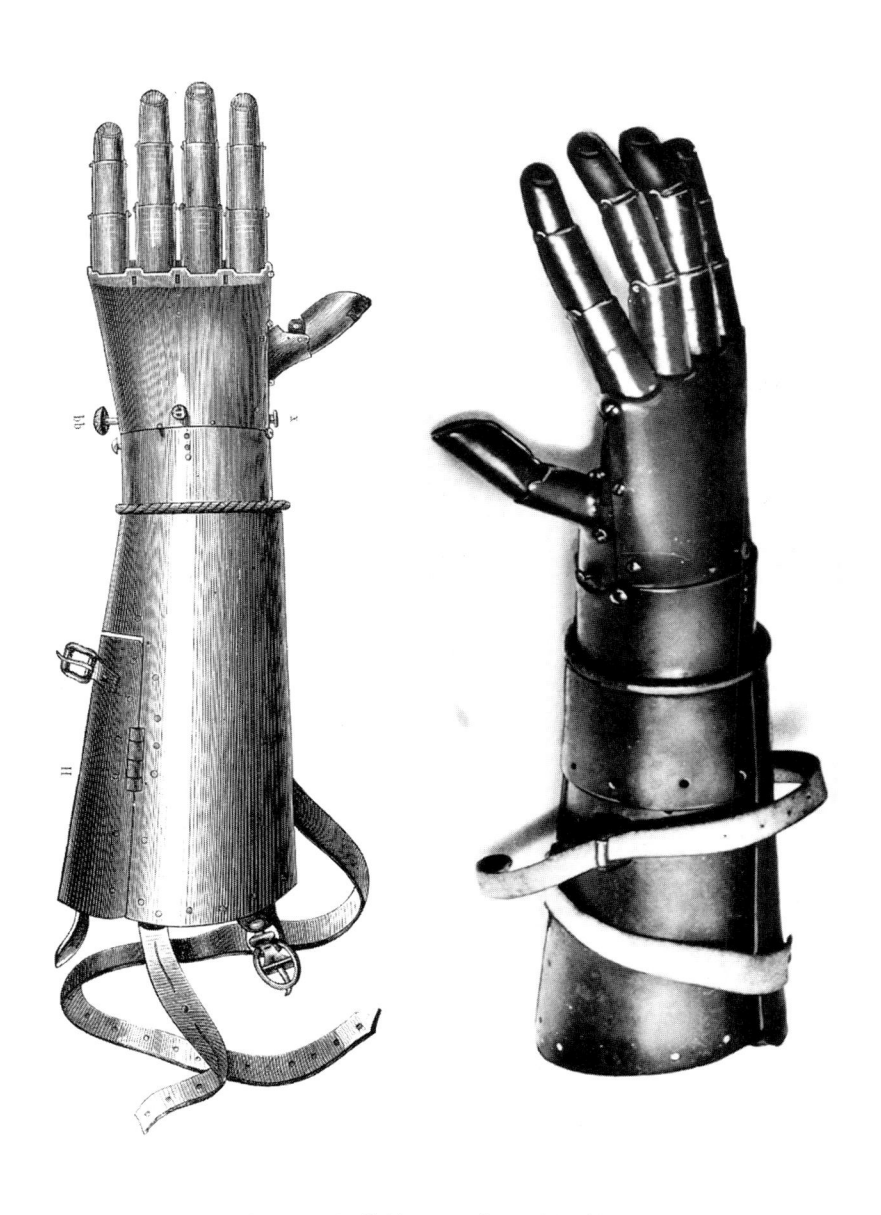

Götz von Berlichingens „eiserne Hand"

Holzstich, 1869 Original in der Götzenburg, Jagsthausen

ge oder Städte oder der Adel gegen einen ihm schädlich gesonnenen Landesherrn. Der Fehdehauptmann als Urheber einer erklärten Fehde sammelte zunächst die ihm verpflichteten Männer der Verwandtschaft (Freundschaft) und seine und deren Waffen tragenden Knechte, ferner die Helfer, durch Lehnsverhältnis oder Vertrag gebundene Leute, oft aber auch Freiwillige um sich. Die Erklärung der Fehde erfolgte schriftlich in Form eines Fehdebriefes. Nach Anrede des Gegners, Nennung des Absenders und Angabe des Fehdegrundes musste die Bewahrung der Ehre des Fehdeführenden folgen; nur dadurch wurden die nachfolgenden Schädigungen des Gegners zu Fehdehandlungen, die keine Wiedergutmachungsforderungen nach sich zogen. Auch die Fehdehelfer erklärten in ähnlichen, meist kürzer gefassten Briefen die Fehde oder ihre Parteinahme. Herkömmlicherweise mussten zwischen der Abgabe des Fehdebriefes und dem Beginn der Fehde ein bis drei Tage verstreichen. Oft versuchte man aber zum Schaden des Gegners diese Zeit zu verkürzen, indem der Fehdebrief an verstecktem Ort deponiert oder das Datum unrichtig angegeben wurde. Grundsätzlich herrschte zwischen den Fehdegegnern nach Zustellung des Fehdebriefes ein Kriegszustand, der jederzeit in offenen Kampf übergehen konnte. Dazu kam es jedoch selten oder eher zufällig; Fehdeführung bestand darin, dem Gegner auf jede Weise Schaden zuzufügen. Das traf besonders die Bauern; Dörfer wurden überfallen, das Vieh weggetrieben, Hausrat und Vorräte geraubt, einzelne Bauern als Gefangene weggeführt oder getötet, das Dorf oft schließlich niedergebrannt. Ferner wurden die Untertanen gezwungen ihre Abgaben und die Ernteerträge an die überlegene Fehdepartei statt an den Grundherrn zu geben. Die Städte wurden besonders durch Überfälle ihrer Vorstädte und Beraubung ihrer Handel treibenden Bürger auf den Straßen geschädigt. Bürger wurden gefangen genommen und mussten von ihren Familien oder vom Rat teuer ausgelöst werden. Andererseits führten gerade auch die Städte, seit dem 14. Jh. oft in Bündnissen mit den Nachbarstädten zusammengeschlossen, grausame Fehden gegen benachbarte oder an den wichtigen Straßen gelegene Adelsburgen. Dabei wurde besonders angestrebt die Burgen unbewohnbar zu machen, d. h. es wurde alles irgend Brauchbare als Beute genommen und die Steine abgebrochen, damit sie nicht von neuem als „Raubnest" benutzt werden konnten. Obgleich die Gottes- und Landfrieden die Kirchen grundsätzlich von der Fehde ausnahmen, sind doch oft genug die dorthin Flüchtenden niedergemacht, die Kirchen ausgeraubt oder zu Verteidigungszwecken burgartig ausgebaut und missbraucht worden. Trat in der Fehde ein Stillstand ein, weil einer der Gegner sich neu ausrüsten oder neue Verbündete suchen musste oder die Ausgangssituation der Fehde sich veränderte, so konnte ein Friede, der meist von neutralen Dritten vermittelt wurde, ausgehandelt werden. Anfang und Ende dieses Waffenstillstands wurden besonders genau festgelegt. Unterlag eine der Fehde führenden Parteien, sei es im offenen Kampf, sei es durch die Gefangennahme der Hauptleute, so hatte sie der überlegenen Partei Urfehde zu schwören. Dieser Schwur schloss einseitig alle Feindseligkeiten für die Zukunft aus, der Überlegene konnte seine Bedingungen stellen. Endete die Fehde mit einer Sühne, waren beide Parteien gleichermaßen an dem Friedensschluss beteiligt. Die Sühne wurde durch einen unbeteiligten Dritten in die Wege geleitet, oft von einem Mann des höheren Adels oder einer geistlichen Autorität, seltener von einem Schiedsgericht. In der Sühne wurde die Feindschaft endgültig abgetan, ohne dass die einzelnen Fehdehandlungen gegeneinander abgerechnet wurden. Geldforderungen, Gefangenenaustausch, Dienstverträge wurden auch in Sonderverträgen verhandelt. Dennoch fiel auch die Sühne sehr oft einseitig zu Gunsten einer in der Fehde überlegenen Partei aus. – Die strengen Regeln der Fehdeführung des hohen und späten Mittelalters bildeten sich unter dem Einfluss der Landfriedensgesetzgebung aus. Deren Ziel, die Fehde zu Gunsten der gerichtlichen Entscheidung ganz abzuschaffen, gelang auch mit dem ewigen Landfrieden von 1495 nicht. Erst die Ausbildung der landesherrlichen Gewalt in den Territorien und eine allgemein geltende Strafgesetzgebung haben die Fehde im 16. Jh. beendet.

[3] *Beurteilung in der Geschichtswissenschaft:* Die Beurteilung des Fehdewesens hat in der Geschichtswissenschaft mehrfach gewechselt. Sah man in älteren Werken den abenteuerhaft-frevlerischen Sinn eines imaginären Rittertums, am Ende des 19. Jh. und Anfang des 20. Jh. eher die Beeinträchtigung des sich in Ansätzen entwickelnden Verfassungsstaats in der Fehde, so schien das seit 1939 in mehreren Auflagen erschienene Buch *Land und Herrschaft* von O. Brunner aus dem spätmittelalterlichen Fehdewesen Österreichs eine neue und endgültige Sicht zu geben. Fehde war demnach ein „subsidiäres[1] Rechtsmittel", eine legitime und notwendige Form der Selbsthilfe, da das Gewaltmonopol noch nicht beim Staat lag. Brunner wies auf die strengen Regeln der „gerechten Fehde" hin, die sich mit der Standesehre der fehdefähigen spätmittelalterlichen Adelswelt verknüpfte. In jüngster Zeit wird mehr das kriminelle Element einer die Fehde stets begleitenden Schicht von „Raubgesindel" gesehen und auf das sozioökonomische Absinken des Ritterstandes im späten Mittelalter hingewiesen. Besonderes Interesse haben auch wieder die Gestalten des Götz von Berlichingen und des Michael Kohlhaas[2] gefunden als letzte Streiter für das alte Recht der Selbsthilfe in einer Zeit, als der territoriale Staat bereits den willfährigen und an den Rechtsweg gebundenen Untertanen anstrebte.

Aus: Lexikon des Mittelalters, Bd. 4, Verfasser: A. Boockmann Sp. 331–334

1 *subsidiär:* unterstützend, ergänzend
2 *Michael Kohlhaas:* eigentlich Hans Kohlhase, ein brandenburgischer Pferdehändler, der an der brandenburgisch-sächsischen Grenze ungerecht behandelt wurde und deshalb schließlich plündernd und mordend durch Sachsen zog um sich sein Recht selbst zu verschaffen. Er wurde 1540 durch Erhängen hingerichtet. Heinrich von Kleist (1777–1811) hat ihm in seiner berühmten Novelle den Namen des Erzengels Michael, des Streiters für Gerechtigkeit, gegeben.

M 1.3 *Götz von Berlichingen* Mein Fehd und Handlungen

In der Originalsprache des 1731 gedruckten Textes

Vnnd wie ich nun zu Hailbronn nach jetzberurter gefenngnus ettlich wochenn inn einer herberg verhafft gelegen bin, da schickht der bundt einen der wahr freylich vonn Canstatt, ein schwetzer, stattschreiber, oder was er wahr ghenn Hailbronn. Vnnd hett ein vrvhedt bey im, die laß er mir fur inn der stuben inn beywessenn viler vonn Hailbronn, also das die stubenn voller leut wahr vnnd begerett, ich solt solche schwerenn vnnd annemmen, vnnd wo ichs nit thett, hett der bundt geschribenn, sollten sie mich nemmen, vnd inn thurnn legen. Aber ich schlug solche vrphedt stracks ab, wollt ehe ein jar im thurnn ligenn, ehe ich sihe annemmen wollt. Darzu so zaigt ich hingegen ann, ich wer inn einer ehrlichen vhedt betrettenn, vnd hett mich auch bey meinem gnedigen fursten vnd herrn, wie einem frumen ehrlichen vom adell vnnd ritterman woll annstundt, gehalten, darzu so wer ich auch inn ein ehrliche ritterliche gefenngnus vertagt, also das ich verhofft, sie wurdenn mich darbey bleibenn lassen vnnd nit darauß nemmen. Hett ich mich aber inn meiner gefenngnus vbll gehaltenn, so soltenn sie mirs anntzaigen, ich wist mich aber nit besser zuhalltenn.

Da wussten sie mir nichts annzuzaigenn, dann ich hillt mich dermassenn wie mir ufferlegtt wer worden. Vnnd sunderlichen warde mir erlaubtt inn die kirchenn zugehn, vnnd vonn der kirchen wider inn die herberg. Vnnd wann ich auß der kirchenn ging, vnnd ettwann leutt mit mir redenn wolltenn, so wolt ich nit bey inen vff der gassenn stehn, vnnd gienng dennechstenn wider der herberg zu, das thett ich darumb, damit ich mich vnuerdechtlich hiellt.

Inn summa da ich die vrphedtt nit annemmen woldt, hettenn sie die weinschrotter bestellt, die drattenn zu mir inn des Dietzenn herberg, inn der stubenn, vnnd wolltenn mich fanngenn. Ich dennechsten vonn leder, vnnd mit dem wehr herrauß, do schnabtenn sie wider hindersich, vnnd badtenn mich die burger des rats vleissig, ich sollt einsteckhenn vnnd friedt halltenn, sie wolltenn mich nit weitter furen, dann vff das rathauß. Da gleubt ich inenn auch, vnnd wie sie mich inn der herberg zu der stubenn herrauß furttenn, gienng mein haußfraw gleich die stegenn herrauff, vnnd wahr inn der kirchenn gewest. Da reiß ich mich von inen, vnd gieng zu ir, vnnd sagte: „Weib erschrick nit! Sie wollenn mir ein vrphed furlegen, die will ich nit annemmen, will mich ehe inn thurnn legen lassen. Thue im aber allso, vnnd reitt hinauß zu Franciscus vonn Sickhingenn, vnnd herr Jorgenn vonn Fronnßberg, vnnd zaig inn ann, die ritterliche gefenngnus, wie mir zugesagt, woll mir nit gehalltenn werdenn. Versihe mich sie werdenn sich alls redliche vom adell vnnd haubttleut woll wissenn zuhalten."

Das thett nun mein weib vnnd furttenn mich die bundischenn vff das rathauß, vnd vom ratthauß inn thurnn, vnnd must dieselbig nacht darin ligenn. Vnnd wie sie mich vff denn Pfingstabenndt hinein legtenn, mustenn sie mich vff denn Pfingstag des morgenns frue widerumb herrauß thonn, vnd furtten mich also darnach wider vff das rathauß. Da wahrenn ettliche des raths bey mir inn einer stubenn, vff dem rathauß, vnnd wahr mein haußfraw wider vom leger khommen vnnd stundt herrauß vor der stubenn, hetten sie vielleicht gehortt, das der ganntz hauff wider herrab zug der statt zue. Da bathenn sie mich ich soldt zu meiner haußfrawenn gehnn, vnnd zu ihr sagenn, das sie wider hinauß riedt, vnnd fur sie byttenn soldt, dann der hauff zoge ebenn der statt zu, zu roß vnnd zu fueß. Da ging ich zu meiner haußfrawenn, vnnd sagt ir inn ein ohr, was mein meinung wahr, das wahr das, vnnd sagt zu ir: „Sag zu meinem schwager Frantziscus vonn Sickingenn, vnnd herr Jorgen vonn Fronßberg, sie habenn mich gebettenn, ich soll fur sie bitten. Aber sag zu inenn, habenn sie was im sin, so sollenn sie furt farenn, ich woll gernn sterbenn vnd erstochenn werdenn, allein das sie all mit mir erstochen wurdenn."

Das het sie nhun vßgericht, vnnd kham herr Jorg vonn Fronnßberg, mit andernn auch zu mir hinein vff das rathauß. Die handeltenn mit dennen vonn Hailbronn, das sie sich musten verschreibenn mir ritterliche gefenngnus zu haltenn, so lang derselbig krieg vnd mein gefenngnus wertt, vnd ich mit dem bundt vertragenn wurde, wie ich dann dieselbig verschreibung noch vff diesenn tag hab, vnd mir solche volgenndts durch die von Hailbronn geholten worden.

Aus: Götz von Berlichingen: Mein Fehd und Handlungen. Hrsg. von Helgard Ulmschneider. Sigmaringen: Thorbecke 1981, S. 103 f.

C. Lang und d'Argent Schloss zu Jagsthausen im 18. Jahrhundert (Kupferstich)

In der neuhochdeutschen Übertragung von Karl Müller

Als ich nun nach dieser Gefangennahme einige Wochen in einem Gasthaus zu Heilbronn in Haft gelegen hatte, sandte der Bund einen Schwätzer aus Cannstatt zu mir, der war Stadtschreiber oder sonst etwas; der hatte eine Urfehde bei sich, welche er mir in der Stube im Beisein vieler von Heilbronn vorlas, und forderte mich auf sie anzunehmen und zu beschwören; im Weigerungsfalle, so hatte der Bund geschrieben, sollte man mich in den Turm werfen. Ich aber schlug diese Urfehde stracks ab, wollte lieber ein Jahr im Turm liegen als sie annehmen. Ich machte dagegen geltend, dass ich mich in einer ehrlichen Fehde befunden hätte und mich bei meinen gnädigen Fürsten und Herren so gehalten hätte, wie es einem tapfern Rittersmann von Adel wohl ansteht. Dazu befände ich mich in ehrlicher ritterlicher Haft und hoffte, dass sie mich darin ließen und mich nicht anderwohin brächten; hätte ich mich aber während der Haft ungebührlich gehalten, so sollten sie es mir zeigen; ich selbst wüsste mich nicht besser zu halten. Da konnten sie mir nichts vorwerfen, denn ich hielt mich streng an ihre Vorschriften. Besonders war mir erlaubt in die Kirche gehen zu dürfen und aus der Kirche wieder in meine Herberge. Das tat ich deshalb, damit ich mich unverdächtig hielt. Kurz: Da ich die Urfehde nicht annehmen wollte, bestellten sie die Weinschröter, welche in mein Zimmer in Dietz' Herberge drangen und mich gefangen nehmen wollten. Da zog ich sofort das Schwert und sie wichen zurück. Nun baten mich die Bürger vom Rat, ich möchte das Schwert einstecken und Frieden halten, sie wollten mich nur auf das Rathaus führen. Ich glaubte ihnen das. Aber gerade als sie mich aus meiner Stube in die Herberge herausführten, stieg meine Frau, welche in der Kirche gewesen war, die Treppe herauf. Da riss ich mich von ihnen los, trat zu ihr und sagte: „Frau, erschrick nicht; sie wollen mir eine Urfehde vorlegen, welche ich nicht annehmen, sondern mich eher in den Turm werfen lassen will. Reite aber hinaus zu Franz von Sickingen und Herrn Georg von Frundsberg und zeige ihnen an, dass sie mir die zugesagte ritterliche Gefängnis nicht halten wollen, dann werden sie als Ritter von Adel und als Hauptleute zu handeln wissen."

Das tat nun mein Weib. Die Bündischen aber führten mich auf das Rathaus und von da in den Turm, in welchem ich dieselbe Nacht verbleiben musste. Am Pfingstabend sperrten sie mich ein und am andern Morgen führten sie mich wieder heraus nach dem Rathaus. Einige Ratsherren befanden sich mit mir in dem Ratszimmer; meine Frau, welche aus dem Lager zurückgekehrt war, stand vor der Tür. Da hatten sie wohl vernommen, dass der ganze Haufe wieder auf die Stadt zuzöge, und sie baten mich meiner Frau zu sagen, sie möchten wieder hinausreiten und für sie bitten, denn der Haufe zöge eben gegen die Stadt zu Ross und zu Fuß. Da sagte ich meiner Frau meinen Auftrag ins Ohr: „Melde meinem Schwager Franz von Sickingen und Herrn Georg von Frundsberg, dass sie mir aufgetragen hätten für sie zu bitten; aber sage, wenn sie etwas im Sinn hätten, so sollten sie nur fortfahren, ich wollte gern erstochen werden und sterben."

Das richtete sie aus. Herr Georg mit vielen andern kam herauf auf das Rathaus und verhandelte mit denen von Heilbronn, dass sie mir verschreiben mussten mir ritterliche Gefängnis zu halten, solange der Krieg und meine Haft dauerte und bis er mit dem Bunde zum Vergleich gekommen wäre. Diese Verschreibung besitze ich noch bis auf diesen Tag. Die Heilbronner hielten sich in der Folgezeit daran.

Lebensbeschreibung des Ritters Götz von Berlichingen. Ins Neuhochdeutsche übertragen von Karl Müller. Stuttgart: Reclam 1962, S. 57 f.

Arbeitsanregungen
1. *Vergleiche die Biografie des historischen Götz von Berlichingen mit der Hauptfigur in Goethes Schauspiel.*
   – *Welche Fakten und Wesensmerkmale des Ritters hat der Autor übernommen?*
   – *Welche Tatsachen sind verändert worden?*
2. *Untersuche, in welcher Weise Goethes Götz den Regeln der Fehdeführung gerecht wird.*
   Welche Anlässe sind rechtmäßige Gründe, welche doch eher vorgeschoben?
3. *Beobachte, wie der Dichter die Lebensbeschreibung des Ritters dramatisiert hat. Vergleiche die Heilbronner Episode (M 1.3), wie Götz sie erzählt, mit der Bühnenfassung.*

M 2 Das Vorbild Shakespeare

M 2.1 *Johann Gottfried Herder* Shakespear

[…] Und wie hat Shakespear dazu die Örter idealisiert. Welch ein Auftritt der Hexen bei Macbeth auf der Haide, unter Blitz und Donner! Nun der blutige Mann mit der Nachricht von Macbeths Taten und die Botschaft des Königes an ihm mit dem Than von Kawdor[1]! Die Scene bricht wieder; die Haide! der prophetische Gruß der Hexen, nun die Ankunft der Königlichen Botschaft – verlege man die Scene wie man wolle, ob Hexe und Prophezeiung mit allen ihren schauderhaften Begleitungen Eindruck machen werde! Lady Macbeth mit ihrem Briefe und ihrer Bewegung unmittelbar vor der Ankunft des Königes! der rüstig ankommende Macbeth, und nun der sanfte sichre König, der bei dem Einzuge in sein Haus des Todes noch zum letzten Mal die freie Luft so schön findet! die Lage dieses Mörderhauses so fühlbar preiset! – wer hat das Rührende dieser Scene nicht gefühlt und wo in der Welt könnte sie geschehen, als wo sie geschieht? – Das Haus in unruhiger, gastlicher Zubereitung und Macbeth in Zubereitung zum Morde! Es wird tief in die Nacht! wie bereitet die Nachtscene Ban-

1 *Than von Kawdor:* ein Feldherr, der Verrat am König begangen hat; Macbeth wird sein Nachfolger

kos und Fleance mit Fackel und Schwert! Die Vision des Schattendolchs! Die Glocke! Er ist hin und mordet! Die Eule! Er hat gemordet und so gleich kommt die grauenvolle Scene des Klopfens am Tor! die Entdeckung des Mordes! die Versammlung – man denke sich alle Orte und Scenen, wo könnte der Königsmord schauerhafter ausgeführt werden? – Die Scene mit den Mördern und Banquo im Walde! und nun das Gastmahl von den Mördern und Bankos Geist gestört! Und nun die Hexenhaide! denn seine Freveltat ist zu Ende! Und ihre Höhle! und Macbeth, ihr Beschwörer! Und der Tod der Kinder Macduffs! – Und Macduf und Malcolm unter dem Baum! – Und die grauerliche Nachtwandrerin im Schlosse! Und der heranziehende Wald und – ich müsste alle, alle Scenen ausschreiben! So wahr es ist, dass der Einbildung und der Leidenschaft es durchaus nicht gleichgültig ist, *wo?* und *unter welchen Umständen* etwas geschehe! so wahr ist es, dass bei Kindern, Verliebten und allen aufgebrachten, sinnlichen Menschen die Scene des Orts der ganzen Geschichte gleichsam Haltung geben muss! so hat das schöpferische Genie Shakespears, das eine Geschichte und Handlung umherwälzte, auch jede derselben so an ihren Ort gewälzt, diesen Ort so idealisert, die Abwechslung derselben so nötig zur Sache angelegt, dass ich mich auf jeden Versuch einer Änderung berufen dörfte. Die Begebenheit, die er vorstellt, ist Geschichte der Welt und wer besitzt mehr Kraft als er unsre Einbildung durch alle die Gegenden zu reißen, *wo* und *wo sie nur allein* und *wo sie am mächtigsten geschieht*. […]

Aus: Shakespear. Zweiter Entwurf. In: Johann Gottfried Herder: Werke. Bd. 1, München/Wien: Hanser 1984, S. 565 f.

M 2.2 *Johann Wolfgang Goethe* Dichtung und Wahrheit

Durch die fortdauernde Teilnahme an Shakspeares Werken hatte ich mir den Geist so ausgeweitet, dass mir der enge Bühnenraum und die kurze, einer Vorstellung zugemessene Zeit keineswegs hinlänglich schienen um etwas Bedeutendes vorzutragen. Das Leben des biedern Goetz von Berlichingen, von ihm selbst geschrieben, trieb mich in die historische Behandlungsart und meine Einbildungskraft dehnte sich dergestalt aus, dass auch meine dramatische Form alle Theatergrenzen überschritt und sich den lebendigen Ereignissen mehr und mehr zu nähern suchte. Ich hatte mich davon, so wie ich vorwärts ging, mit meiner Schwester umständlich[1] unterhalten, die an solchen Dingen mit Geist und Gemüt teilnahm, und ich erneuerte diese Unterhaltung so oft ohne nur irgend zum Werke zu schreiben, dass sie zuletzt ungeduldig und wohlwollend dringend bat mich nur nicht immer mit Worten in die Luft zu ergehn, sondern endlich einmal das, was mir so gegenwärtig wäre, auf das Papier festzubringen. Durch diesen Antrieb bestimmt fing ich eines Morgens zu schreiben an, ohne dass ich einen Entwurf oder Plan vorher aufgesetzt hätte. Ich schrieb die ersten Szenen und abends wurden sie Cornelien vorgelesen. Sie schenkte

1 *umständlich:* ausführlich

ihnen viel Beifall, jedoch nur bedingt, indem sie zweifelte, dass ich so fortfahren würde, ja sie äußerte sogar einen entschiedenen Unglauben an meine Beharrlichkeit. Dieses reizte mich nur umso mehr, ich fuhr den nächsten Tag fort und so den dritten; die Hoffnung wuchs bei den täglichen Mitteilungen, auch mir ward alles von Schritt zu Schritt lebendiger, indem mir ohnehin der Stoff durchaus eigen geworden; und so hielt ich mich ununterbrochen ans Werk, das ich geradewegs verfolgte ohne weder rückwärts noch rechts noch links zu sehn und in etwa sechs Wochen hatte ich das Vergnügen das Manuskript geheftet zu erblicken. Ich teilte es Merken[1] mit, der verständig und wohlwollend darüber sprach; ich sendete es Herdern[2] zu, der sich unfreundlich und hart dagegen äußerte und nicht ermangelte in einigen gelegentlichen Schmähgedichten mich deshalb mit spöttischen Namen zu bezeichnen. Ich ließ mich dadurch nicht irremachen, sondern fasste meinen Gegenstand scharf ins Auge, der Wurf war einmal getan und es fragte sich nur, wie man die Steine im Brett vorteilhaft setzte. Ich sah wohl, dass mir auch hier niemand raten würde und als ich nach einiger Zeit mein Werk wie ein fremdes betrachten konnte, so erkannte ich freilich, dass ich, bei dem Versuch auf die Einheit der Zeit und des Orts Verzicht zu tun, auch der höheren Einheit, die um desto mehr gefordert wird, Eintrag[3] getan hatte. Da ich mich, ohne Plan und Entwurf, bloß der Einbildungskraft und einem inneren Trieb überließ, so war ich von vornherein ziemlich bei der Klinge geblieben und die ersten Akte konnten für das, was sie sein sollten, gar füglich gelten; in die folgenden aber, und besonders gegen das Ende, riss mich eine wundersame Leidenschaft unbewusst hin. Ich hatte mich, indem ich *Adelheid* liebenswürdig zu schildern trachtete, selbst in sie verliebt, unwillkürlich war meine Feder nur ihr gewidmet, das Interesse an ihrem Schicksal nahm überhand und wie ohnehin gegen das Ende Goetz außer Tätigkeit gesetzt ist und dann nur zu einer unglücklichen Teilnahme am Bauernkriege zurückkehrt, so war nichts natürlicher, als dass eine reizende Frau ihn bei dem Autor ausstach, der die Kunstfesseln abschüttelnd in einem neuen Felde sich zu versuchen dachte. Diesen Mangel oder vielmehr diesen tadelhaften Überfluss, erkannte ich gar bald, da die Natur meiner Poesie mich immer zur Einheit hindrängte. Ich hegte nun, anstatt der Lebensbeschreibung Goetzens und der deutschen Altertümer, mein eignes Werk im Sinne und suchte ihm immer mehr historischen und nationalen Gehalt zu geben und das, was daran fabelhaft oder bloß leidenschaftlich war, auszulöschen; wobei ich freilich manches aufopferte, indem die menschliche Neigung der künstlerischen Überzeugung weichen musste. So hatte ich mir z. B. etwas Rechts zugute getan, indem ich in einer grauserlich nächtlichen Zigeunerszenen Adelheid auftreten und ihre schöne Gegenwart Wunder tun ließ. Eine nähere Prüfung verbannte sie, so wie auch der im vierten und fünften Akte umständlich ausgeführte Liebeshandel zwischen Franzen und seiner gnädigen Frau sich ins Enge zog und nur in seinen Hauptmomenten hervorleuchten durfte.

1 *Merken:* Johann Heinrich Merck (1741–1791), Freund Goethes
2 *Herdern:* Johann Gottfried Herder (siehe M 2.2)
3 *Eintrag tun:* schaden

Ohne also an dem ersten Manuskript irgendetwas zu verändern, welches ich wirklich noch in seiner Urgestalt besitze, nahm ich mir vor das Ganze umzuschreiben und leistete dies auch mit solcher Tätigkeit, dass in wenigen Wochen ein ganz erneutes Stück vor mir lag.

Aus: Johann Wolfgang Goethe: Sämtliche Werke nach Epochen seines Schaffens. Münchner Ausgabe, hrsg. von Karl Richter. München: Hanser 1985 ff. Bd. 16, S. 604–606

M 2.3 *Johann Wolfgang Goethe* Zum Schäkespears Tag

Mir kommt vor, das sei die edelste von unsern Empfindungen, die Hoffnung auch dann zu bleiben, wenn das Schicksal uns zur allgemeinen Nonexistenz zurückgeführt zu haben scheint. Dieses Leben, meine Herren, ist für unsre Seele viel zu kurz, Zeuge, dass jeder Mensch, der geringste wie der höchste, der unfähigste wie der würdigste, eher alles müd' wird als zu leben; und dass keiner sein Ziel erreicht, wornach er so sehnlich ausging – denn wenn es einem auf seinem Gange auch noch so lang' glückt, fällt er doch endlich und oft im Angesicht des gehofften Zwecks, in eine Grube, die ihm, Gott weiß wer, gegraben hat, und wird für nichts gerechnet.

Für nichts gerechnet! Ich! Der ich mir alles bin, da ich alles nur durch mich kenne! So ruft jeder, der sich fühlt, und macht große Schritte durch dieses Leben, eine Bereitung[1] für den unendlichen Weg drüben. Freilich jeder nach seinem Maß. Macht der eine mit dem stärksten Wandertrab sich auf, so hat der andre Siebenmeilenstiefel an, überschreitet ihn und zwei Schritte des Letzten bezeichnen die Tagreise des Ersten. Dem sei, wie ihm wolle, dieser emsige Wandrer bleibt unser Freund und unser Geselle, wenn wir die gigantischen Schritte jenes anstaunen und ehren, seinen Fußtapfen folgen, seine Schritte mit den unsrigen abmessen.

Auf die Reise, meine Herren! die Betrachtung so eines einzigen Tapfs[2] macht unsre Seele feuriger und größer als das Angaffen eines tausendfüßigen königlichen Einzugs.

Wir ehren heute das Andenken des größten Wandrers und tun uns dadurch selbst eine Ehre an. Von Verdiensten, die wir zu schätzen wissen, haben wir den Keim in uns.

Erwarten Sie nicht, dass ich viel und ordentlich schreibe, Ruhe der Seele ist kein Festtagskleid; und noch zurzeit habe ich das wenig über Shakespearen gedacht; geahndet, empfunden, wenn's hoch kam, ist das Höchste, wohin ich's habe bringen können. Die erste Seite, die ich in ihm las, machte mich auf zeitlebens ihm eigen und wie ich mit dem ersten Stücke fertig war, stund ich wie ein Blindgeborner, dem eine Wunderhand das Gesicht in einem Augenblicke schenkt. Ich erkannte, ich fühlte aufs Lebhafteste meine Existenz um eine Unendlichkeit erweitert, alles war mir neu, unbekannt, und das ungewohnte Licht machte mir Augenschmerzen. Nach und

---

1 *Bereitung:* Vorbereitung
2 *Tapf:* Fußtritt, Fußspur

nach lernt' ich zu sehen und, Dank sei meinem erkenntlichen[1] Genius, ich fühle noch immer lebhaft, was ich gewonnen habe.

Ich zweifelte keinen Augenblick dem regelmäßigen Theater zu entsagen. Es schien mir die Einheit des Ortes so kerkermäßig ängstlich, die Einheiten der Handlung und der Zeit lästige Fesseln unsrer Einbildungskraft. Ich sprang in die freie Luft und fühlte erst, dass ich Hände und Füße hatte. Und jetzo, da ich sahe, wie viel Unrecht mir die Herrn der Regeln in ihrem Loch angetan haben, wie viel freie Seelen noch drinne sich krümmen, so wäre mir mein Herz geborsten, wenn ich ihnen nicht Fehde angekündigt hätte und nicht täglich suchte ihre Türne[2] zusammenzuschlagen.

Das griechische Theater, das die Franzosen zum Muster nahmen, war nach innrer und äußerer Beschaffenheit so, dass eher ein Marquis[3] den Alcibiades[4] nachahmen könnte, als es Corneillen[5] dem Sophokles[6] zu folgen möglich wär'.

Erst Intermezzo[7] des Gottesdiensts, dann feierlich politisch, zeigte das Trauerspiel einzelne große Handlungen der Väter dem Volk mit der reinen Einfalt der Vollkommenheit, erregte ganze, große Empfindungen in den Seelen, denn es war selbst ganz und groß.

Und in was für Seelen!

Griechischen! Ich kann mich nicht erklären, was das heißt, aber ich fühl's und berufe mich der Kürze halber auf Homer[8] und Sophokles und Theokrit[9], die haben's mich fühlen gelehrt.

Nun sag' ich geschwind hintendrein: „Französchen, was willst du mit der griechischen Rüstung, sie ist dir zu groß und zu schwer."

Drum sind auch alle französche Trauerspiele Parodien von sich selbst.

Wie das so regelmäßig zugeht und dass sie einander ähnlich sind wie Schuhe und auch langweilig mitunter, besonders in genere[10] im vierten Akt, das wissen die Herren leider aus der Erfahrung und ich sage nichts davon.

Wer eigentlich zuerst drauf gekommen ist, die Haupt- und Staatsaktionen aufs Theater zu bringen, weiß ich nicht, es gibt Gelegenheit für den Liebhaber zu einer kritischen Abhandlung. Ob Shakespearen die Ehre der Erfindung gehört, zweifl' ich: Genung[11], er brachte diese Art auf den Grad, der noch immer der höchste geschienen

1 *erkenntlich:* erkennend
2 *Türne:* Türme
3 *Marquis:* frz. Adelstitel, Markgraf
4 *Alcibiades:* athenischer Staatsmann und Feldherr (450 v.Chr. – 404 v.Chr.)
5 *Corneille:* frz. Theaterdichter (1606–1684), einer der Hauptvertreter des klassischen französischen Dramas
6 *Sophokles:* griechischer Tragödiendichter (um 496–406 v.Chr.). Er schrieb in der Blütezeit des klassischen Athen 130 Stücke, von denen sieben erhalten sind, darunter die bekannten Bühnenwerke *Antigone* und *König Ödipus*.
7 *Intermezzo:* Zwischenspiel
8 *Homer:* griech. Dichter im 8. Jhd. v.Chr., Schöpfer der *Ilias* und der *Odyssee*
9 *Theokrit:* griech. Dichter (305 v.Chr. – 260 v.Chr.)
10 *in genere:* im Allgemeinen
11 *genung:* egal

hat, da so wenig Augen hinaufreichen und also schwer zu hoffen ist, einer könne ihn übersehen oder gar übersteigen.

Shakespeare, mein Freund, wenn du noch unter uns wärest, ich könnte nirgends leben als mit dir, wie gern wollt' ich die Nebenrolle eines Pylades[1] spielen, wenn du Orest[2] wärst, lieber als die geehrwürdigte Person eines Oberpriesters im Tempel zu Delphos[3].

Ich will abbrechen, meine Herren, und morgen weiter schreiben, denn ich bin in einem Ton, der Ihnen vielleicht nicht so erbaulich ist, als er mir von Herzen geht.

Shakespeares Theater ist ein schöner Raritätenkasten[4], in dem die Geschichte der Welt vor unsern Augen an dem unsichtbaren Faden der Zeit vorbeiwallt. Seine Plane[5] sind, nach dem gemeinen Stil zu reden, keine Plane, aber seine Stücke drehen sich alle um den geheimen Punkt (den noch kein Philosoph gesehen und bestimmt hat), in dem das Eigentümliche unsres Ichs, die prätendierte[6] Freiheit unsres Wollens, mit dem notwendigen Gang des Ganzen zusammenstößt. Unser verdorbner Geschmack aber umnebelt dergestalt unsere Augen, dass wir fast eine neue Schöpfung nötig haben uns aus dieser Finsternis zu entwickeln.

Alle Franzosen und angesteckte Deutsche, sogar Wieland[7], haben sich bei dieser Gelegenheit wie bei mehreren wenig Ehre gemacht. Voltaire[8]; der von jeher Profession machte alle Majestäten zu lästern, hat sich auch hier als ein echter Thersit bewiesen. Wäre ich Ulysses[9], er sollte seinen Rücken unter meinem Szepter[10] verzerren.

Die meisten von diesen Herren stoßen auch besonders an seinen Charakteren an. Und ich rufe: Natur! Natur! nichts so Natur als Shakespeares Menschen.

Da hab' ich sie alle überm Hals.

Lasst mir Luft, dass ich reden kann!

Er wetteiferte mit dem Prometheus, bildete ihm Zug vor Zug seine Menschen nach, nur in *kolossalischer*[11] *Größe*; darin liegt's, dass wir unsre Brüder verkennen; und dann belebte er sie alle mit dem Hauch *seines* Geistes, *er* redet aus allen und man erkennt ihre Verwandtschaft.

Und was will sich unser Jahrhundert unterstellen von Natur zu urteilen? Wo sollten wir sie her kennen, die wir von Jugend auf alles geschnürt und geziert an uns fühlen

---

1 *Pylades:* Figur aus der Iphigenie-Sage, Freund von Iphigenies Bruder Orest
2 *Orest:* Bruder Iphigenies
3 *Tempel zu Delphos (Delphi):* griech. Heiligtum, Sitz des Orakels; zeitweise wegen der Ratschläge, die gesucht wurden, auch politisch mächtig
4 *Raritätenkasten:* Guckkasten, in dem auf Jahrmärkten Bilder zu betrachten waren
5 *Plane:* Pläne
6 *prätendieren:* beanspruchen
7 *Wieland:* Christoph Martin Wieland (1733–1813), deutscher Dichter
8 *Voltaire:* François Marie Arouet (1694–1778), frz. Philosoph und Schriftsteller, einer der bedeutendsten Vertreter der Aufklärung, Freund des preußischen Königs, Friedrich II.
9 *Thersit ... Ulysses:* in Homers *Ilias* wird Thersites, ein hässlicher Spötter, für seine Schmähreden gegen Agamemnon von Odysseus (lat. Ulysses) gestraft
10 *Szepter:* Zepter: der Stab des Herrschers
11 *kolossalisch:* riesig, gewaltig

und an andern sehen. Ich schäme mich oft vor Shakespearen, denn es kommt manchmal vor, dass ich beim ersten Blick denke, das hätt' ich anders gemacht! Hintendrein erkenn' ich, dass ich ein armer Sünder bin, dass aus Shakespearen die Natur weissagt, und dass meine Menschen Seifenblasen sind, von Romangrillen[1] aufgetrieben.

Und nun zum Schluss, ob ich gleich[2] noch nicht angefangen habe.

Das, was edle Philosophen von der Welt gesagt haben, gilt auch von Shakespearen, das, was wir bös nennen, ist nur die andre Seite vom Guten, die so notwendig zu seiner Existenz und in das Ganze gehört, als Zona torrida[3] brennen und Lappland einfrieren muss, dass es einen gemäßigten Himmelsstrich gebe. Er führt uns durch die ganze Welt, aber wir verzärtelte, unerfahrne Menschen schreien bei jeder fremden Heuschrecke, die uns begegnet: „Herr, er will uns fressen."

Auf, meine Herren! trompeten Sie mir alle edle Seelen aus dem Elysium[4] des sogenannten guten Geschmacks, wo sie schlaftrunken in langweiliger Dämmerung halb sind, halb nicht sind, Leidenschaften im Herzen und kein Mark in den Knochen haben und, weil sie nicht müde genug zu ruhen und doch zu faul sind um tätig zu sein, ihr Schattenleben zwischen Myrten[5] und Lorbeergebüschen verschlendern und vergähnen.

Aus: Goethes Werke. Hamburger Ausgabe. Hrsg. von Erich Trunz. Hamburg: Wegener 1960 ff., Bd. 12, S. 10 ff.

M 2.4 *William Shakespeare* Macbeth

Die Schauplätze der einzelnen Szenen (in Schottland und England)
I. Akt
1. Szene	Eine Heide. Donner und Blitz
2. Szene	Freies Feld bei Fores
3. Szene	Die Heide. Gewitter
4. Szene	Fores. Im Palast
5. Szene	Inverness. Zimmer in Macbeths Schloss
6. Szene	Ebendaselbst. Vor dem Schloss
7. Szene	Ebendaselbst. Schlosshof

1 *Grillen:* Launen
2 *ob ich gleich:* obgleich ich
3 *Zona torride:* heißes Gebiet
4 *Elysium:* in der griech. Mythologie das Land der Seligen in der Unterwelt
5 *Myrte:* immergrüner Baum oder Strauch, kommt im Mittelmeergebiet und in Südamerika vor; seine weiß blühenden Zweige werden oft als Brautschmuck verwendet

II. Akt
1. Szene	Ebendaselbst. Schlosshof
2. Szene	Ebendaselbst
3. Szene	Ebendaselbst

III. Akt
1. Szene	Fores, Saal im Schloss
2. Szene	Ebendaselbst. Ein anderes Zimmer
3. Szene	Ebendaselbst. Ein Park am Schloss
4. Szene	Prunksaal im Schloss. Gedeckte Tafel
5. Szene	Die Heide
6. Szene	Fores. Im Schloss

IV. Akt
1. Szene	Eine finstere Höhle. In der Mitte ein Kessel
2. Szene	Fife. Zimmer in Macduffs Schloss
3. Szene	England. Park beim königlichen Schloss

V. Akt
1. Szene	Dunsinan. Zimmer im Schloss
2. Szene	Feld in der Nähe von Dunsinan
3. Szene	Dunsinan. Im Schloss
4. Szene	Feld in der Nähe von Dunsinan. Ein Wald in der Ferne
5. Szene	Dunsinan. Im Schloss
6. Szene	Feld vor dem Schloss
7. Szene	Ein anderer Teil des Schlachtfeldes

Arbeitsanregungen
1. Erkläre, worauf die Shakespeare-Begeisterung Herders und Goethes beruht. Welche neuen Möglichkeiten siehst du in der Nachahmung des Engländers (M 2.1 bis M 2.3)?
2. Werte die Liste der Schauplätze in Shakespeares Macbeth *aus (M 2.4). Beachte Anzahl und Wechsel der Schauplätze, Rückkehr zu einem früheren Schauplatz, Aufsplittung bestimmter Orte in mehrere Schauplätze.*
3. Lege nach dem Muster eine Liste der Schauplätze in Goethes Götz *an. Vergleiche die Anzahl der Szenen und die Häufigkeit des Wechsels, auch zwischen freier Natur und geschlossenen Räumen mit der Abfolge in* Macbeth.

M 3 Die Reaktion der Zeitgenossen auf Goethes Schauspiel

M 3.1 *Jakob Michael Reinhold Lenz* Über *Götz von Berlichingen*

Verzeihn Sie meinen Enthusiasmus! Man kann nicht enthusiastisch von den Sachen sprechen, da unsere Gegner so viel Feuer verschwenden uns das Leiden süß und angenehm vorzustellen, sollen wir nicht aus Himmel und Hölle Feuer zusammenraffen um das Tun zu empfehlen. Da stehn unsre heutigen Theaterhelden und verseufzen ihre letzte Lebenskraft einer bis über die Ohren geschminkten Larve zu gefallen – Schurken und keine Helden! was habt ihr getan, dass ihr Helden heißt?

Ich will mich bestimmter erklären. Unsre heutigen Schaubühnen wimmeln von lauter Meisterstücken, die es aber freilich nur in den Köpfen der Meister selber sind. Doch das beiseite, sein sie, was sie sein, was geht's mich an? Lasst uns aber einen andern Weg einschlagen, meine Brüder, Schauspiele zu beurteilen, lasst uns einmal auf ihre Folgen sehen, auf die Wirkung, die sie im Ganzen machen. Das, denk ich, ist doch gewiss wohl der sicherste Weg. Wenn ihr einen Stein ins Wasser werft, so beurteilt ihr die Größe, Masse und Gewicht des Steins nach den Zirkeln[1] die er im Wasser beschreibt. Also sei unsere Frage bei jedem neuen herauskommenden Stück das große, das göttliche *Cui bono? Cui bono*[2] schuf Gott das Licht, dass es leuchte und wärme, *cui bono* die Planeten, dass sie uns Zeiten und Jahre einrichteten, und so geht es unaufhörlich in der Natur, nichts ohne Zweck, alles seinen großen, vielfachen, nie von menschlichem Visierstab[3], nie von englischem Visierstab ganz auszumessenden Zweck. Und wo fände der Genius ein anderes, höheres, tieferes, größeres, schöneres Modell als Gott und seine Natur?

Also *cui bono?* was für Wirkung? die Produkte all der tausend französischen Genies auf unsern Geist, auf unser Herz, auf unsre ganze Existenz. Behüte mich der Himmel ungerecht zu sein. Wir nehmen ein schönes wonnevolles süßes Gefühl mit nach Hause, so gut, als ob wir eine Bouteille[4] Champagner ausgeleert – aber das ist auch alles. Eine Nacht drauf geschlafen und alles ist wieder vertilgt. Wo ist der lebendige Eindruck, der sich in Gesinnungen, Taten und Handlungen hernach einmischt, der prometheische[5] Funken, der sich so unvermerkt in unsere innerste Seele hineingestohlen, dass er, wenn wir ihn nicht durch gänzliches Stillliegen in sich selbst wieder verglimmen lassen, unser ganzes Leben beseligt. Das also sei unsre Gerichtswaage, nach der wir auch mit verbundenen Augen den wahren Wert eines Stückes bestimmen. Welches wiegt schwerer, welches hat mehr Gewicht, Macht und Eindruck auf unsre Meinungen und Handlungen? Und nun entscheiden Sie über Götz.

1 *Zirkel:* Kreise
2 *Cui bono?:* Wem nützt es?
3 *Visierstab:* Eichmaß, Peilstab
4 *Bouteille:* Flasche
5 *prometheische Funken:* Der Halbgott Prometheus hat nach der antiken Sage gegen das Gebot des Zeus für die Menschen im Olymp das Feuer gestohlen, womit er den Menschen die Kultur überhaupt gebracht hat.

Und ich möchte dem ganzen deutschen Publikum, wenn ich so starke Stimme hätte, zurufen: Samt und sonders ahmt Götzen erst nach, lernt erst wieder denken, empfinden, handeln und wenn ihr euch wohl dabei befindet, dann entscheidt über Götz.

Also meine werten Brüder! nun ermahne und bitte ich euch, lasst uns dies Buch nicht gleich nach der ersten Lesung ungebraucht aus der Hand legen, lasst uns den Charakter dieses antiken deutschen Mannes erst mit erhitzter Seele erwägen und wenn wir ihn gut finden, uns eigen machen, damit wir wieder Deutsche werden, von denen wir so weit, weit ausgeartet sind. Hier will ich euch einige Züge davon hinwerfen. Ein Mann, der weder auf Ruhm noch Namen Anspruch macht, der nichts sein will, als was er ist: ein Mann. – Der ein Weib hat, seiner wert, nicht durch Schmeichelei sich erbettelt, sondern durch Wert sich verdient – eine Familie, einen Zirkel von Freunden, die er alle weit stärker liebt, als dass er's ihnen sagen könnte, für die er aber tut – alles dransetzt, ihnen Friede, Sicherheit für fremde, ungerechte Eingriffe, Freude und Genuss zu verschaffen – sehen Sie, da ist der ganze Mann, immerweg geschäftig, tätig, wärmend und wohltuend wie die Sonne, aber auch ebenso verzehrendes Feuer, wenn man ihm zu nahe kommt – und am Ende seines Lebens geht er unter wie die Sonne, vergnügt, bessere Gegenden zu schauen, wo mehr Freiheit ist, als er hier sich und den Seinigen verschaffen konnte, und lässt noch Licht und Glanz hinter sich. Wer so gelebt hat, wahrlich, der hat seine Bestimmung erfüllt, Gott, du weißt es, wie weit, wie sehr, er weiß nur soviel davon, als genug ist ihn glücklich zu machen. Denn was in der Welt kann wohl über das Bewusstsein gehen viel Freud angerichtet zu haben.

Wir sind alle[1], meine Herren! in gewissem Verstand noch stumme Personen auf dem großen Theater der Welt, bis es den Direkteurs gefallen wird, uns eine Rolle zu geben. Welche sie aber auch sei, so müssen wir uns doch alle bereithalten in derselben zu handeln und je nachdem wir besser oder schlimmer, schwächer oder stärker handeln, je nachdem haben wir hernach besser oder schlimmer gespielt, je nachdem verbessern wir auch unser äußerliches und innerliches Glück.

Was könnte eine schönere Vorübung zu diesem großen Schauspiel des Lebens sein, als wenn wir, da uns itzt noch Hände und Füße gebunden sind, in einem oder andern Zimmer unsern Götz von Berlichingen, den einer aus unsern Mitteln geschrieben, eine große Idee – aufzuführen versuchten. Lassen Sie mich für die Ausführung dieses Projekts sorgen, es soll gar soviel Schwierigkeiten nicht haben, als Sie sich anfangs einbilden werden. Weder Theater noch Kulisse noch Dekoration – es kommt alles auf Handlung an. Wählen Sie sich die Rollen nach Ihrem Lieblingscharakter oder erlauben Sie mir sie auszugeben. Es wird in der Tat ein sehr nützliches Amüsement[2] für uns werden. Durchs Nachahmen, durchs Agieren drückt sich der Charakter tiefer ein. Und Amüsement soll es gewiss dabei sein, da bin ich Ihnen gut vor, größer als Sie es jetzt sich jemals vorstellen können. Aber nur Ernst und Nachdruck bitt' ich mir dabei von Ihnen aus, denn, meine Herren, Sie sind jetzt Männer –

1 *alle:* am Ende
2 *Amüsement:* Vergnügen

123

und ich hoff ich habe nicht mehr nötig Ihnen den Ausspruch des Apostels Pauli zuzurufen: Als ich ein Kind war, tat ich wie ein Kind, als ich aber ein Mann ward, legt' ich das Kindische ab. Wenn jeder in seine Rolle ganz eindringt und alles draus macht, was draus zu machen ist – denken Sie, meine Herren! welch eine Idee! welch
5 ein Götterspiel! Da braucht's weder Vorhang noch Bänke! Wir sind über die Außenwerke¹ weg. Zwei Flügeltüren zwischen jeder Szene geöffnet und zugeschlossen – die Akte können wir allenfalls durch eine kleine Musik aus unsern eigenen Mitteln unterscheiden – Und kein Sterblicher darf zu unsern Eleusinis², bevor wir die Probe ein drei-, viermal gemacht – und dann eingeladen alles, was noch einen lebendigen
10 Odem in sich spürt – das heißt, Kraft, Geist und Leben um mit Nachdruck zu handeln.

Aus: Jakob Michael Reinhold Lenz. Werke und Briefe in drei Bänden. Hrsg. von Sigrid Damm. Bd. 2, Frankfurt/M. 1987, S. 638–641

M 3.2 *König Friedrich II. von Preußen*
Über die deutsche Literatur

In französischer Sprache, wie damals in der Gelehrtenwelt weit verbreitet, verfasste der Preußenkönig 1780 ein Werk über die deutsche Literatur.

[...] Um sich zu überzeugen, wie wenig Geschmack noch bis itzt in Deutschland herrsche, dürfen Sie nur unsre öffentlichen Schauspiele besuchen. Sie finden daselbst die abscheulichen Stücke von Shakespear aufgeführt, die man in unsre Sprache über-
15 setzt hat. [...] Dem *Shakespear* kann man indes seine sonderbare Ausschweifungen wohl verzeihen; denn er lebte zu einer Zeit, da die Wissenschaft in England erst geboren wurde und man also noch keine Reife von denselben erwarten konnte. Aber erst vor einigen Jahren ist ein *Götz von Berlichingen* auf unserm Theater erschienen, eine abscheuliche Nachahmung jener schlechten, englischen Stücke: Und doch
20 bewilligt unser Publikum diesem eckelhaften Gewäsche seinen lauten Beifall und verlangt mit Eifer ihre öftere Wiederholung. [...]

Aus: Johann Wolfgang Goethe: Sämtliche Werke nach Epochen seines Schaffens. Münchner Ausgabe, hrsg. von Richter. München: Hanser 1985 ff. Bd. 16, S. 970

---

1 *Außenwerke:* Vorbauten einer Bühne
2 *Eleusini:* eleusinische Mysterien; in der Antike nur Eingeweihten zugängliche Feiern eines Kultes in der griechischen Stadt Eleusis

M 3.3 *Germaine de Staël* Über Deutschland

[...] Goethe war der Nachahmung französischer Theaterstücke auf deutschen Schaubühnen überdrüssig und er hatte Recht; selbst ein Franzose hätte sie satt gehabt. Er schrieb also ein historisches Drama nach shakespearischer Manier und betitelte es *Götz von Berlichingen*. Das Stück war nicht eigentlich für die Bühne bestimmt, konnte doch aber, wie alle shakespearischen, aufgeführt werden. Goethe hat denselben Zeitraum gewählt wie Schiller in seinen *Räubern*; allein, anstatt einen Menschen zu zeigen, der sich aller Fesseln der Moral und Gesellschaftlichkeit entledigt, schildert er einen Ritter der alten Zeit unter Maximilian I., einen Verteidiger des Rittertums und der Lehnexistenz des Adels, die der persönlichen Tapferkeit so günstig war.

Götz von Berlichingen ist eines der Lieblingsstücke in Deutschland; die National-Sitten und das Kostüm der alten Ritterzeit sind darin auf das Treuste und nach dem Leben dargestellt; und alles, was an jene Zeiten erinnert, ist dem Herzen der Deutschen teuer. Goethe, überzeugt, dass er sein Publikum nach seinem Willen lenkt und regiert, ist über die Mittel unbesorgt und hat sich nicht einmal die Mühe gegeben sein Stück in Versen zu schreiben. *Götz* ist die Skizze eines großen Gemäldes, aber eine kaum vollendete Skizze. Man findet in dem Verfasser eine solche Ungeduld des Genies, einen solchen Widerwillen gegen alles, was nach Künstelei aussieht, dass er sogar dasjenige verschmäht, was in der Kunst notwendig ist und wodurch ein Werk seine dauernde Gestalt erhält. Es gibt in seinem Drama eine Menge Züge und Blitze des Genies, wie die Pinselstriche in einem Gemälde von Michelangelo; aber das Ganze ist ein Werk, was noch viel zu erwarten oder vielmehr zu wünschen übrig lässt. Die Regierung Kaiser Maximilians, unter welcher die Begebenheit spielt, ist nicht hinlänglich charakterisiert. Überdies könnte Goethe noch der Vorwurf gemacht werden, dass er in die Form und Sprache des Stücks nicht genug Einbildungskraft gelegt. Er hat es allerdings nicht gewollt; es war Plan und System bei ihm; sein Drama sollte die Sache selbst sein: Gleichwohl müsste der Zauber des Idealen in dramatischen Werken allenthalben vorleuchten. Die Personen im Trauerspiel laufen beständig Gefahr zu platt oder zu unnatürlich zu sein; und es liegt dem Genie ob[1], sie vor beiden Klippen zu bewahren. [...]

Aus: Anne Germaine de Staël: Über Deutschland. Hrsg. von Monika Bosse. Frankfurt/M.: Insel, S. 324–327

Arbeitsanregungen

1. Fasse die Urteile der drei Zeitgenossen über Goethes Schauspiel zusammen (M 3.1 bis M 3.3).
2. Suche die Gründe, welche die Autoren für ihre begeisterte, ablehnende oder differenzierte Haltung anführen.

---

1 *liegt ... ob:* ist Aufgabe des Genies

3. Beachte, welche Gedanken sich die Kritiker über die Aufführbarkeit des Stückes machen.
4. Informiere dich über Möglichkeiten der modernen Bühnentechnik zur Bewältigung schneller und häufiger Szenenwechsel.

M 4   Zwei neuere Deutungen

M 4.1   *Wilhelm Speidel* Götz von Berlichingen

Der Tag, an dem der junge Goethe die eigene Lebensbeschreibung Götz von Berlichingens in die Hand bekam, ist zum Geburtstag unseres deutschen Volksdramas geworden. Aus diesem alten Buch sprach ihn ein „edler Vorfahr" so heldenhaft und menschlich bieder an, dass Goethe sich sogleich getrieben fühlte ihm ein Denkmal zu errichten.

In seiner vaterländischen Begeisterung für die kernfeste Männlichkeit des Reformationsjahrhunderts, durch Shakespeares Königsdramen schöpferisch beschwingt, dazu vom Kraftgefühl des eigenen jugendlichen „Titanismus" hochgetragen, hat er als 22-Jähriger die große Tat vollbracht den vorher kaum bekannten Ritter Götz von Berlichingen zu einem Volkshelden der deutschen Nation zu machen.

Sein Götz lebt mitten im Zusammenbruch des mittelalterlichen Ständestaates: Von oben sinkt die Kaiserwürde, durch Eigensucht und Zwietracht der Reichsstände unterhöhlt, zu ohnmächtiger Tatenlosigkeit hinab, während von unten her das ausgesogene Volk in ungestümer Brandung aufbegehrt. Der Ritter Götz ist kaisertreu und volksverbunden. Ordnung und Recht, wie es der Kaiser und das Volk begehren, möchte er gern mit seinem Schwert verfechten. Jedoch in einer Zeit, wo das Zusammenwirken aller zum gemeinen Wohl schon längst zu einem Kampfe aller gegen alle ausgeartet war, bleibt diesem ehrenfesten Ritter nur der Weg aus eigener Vollmacht für das Recht zu sorgen. So wird das „Hilf dir selbst!" des Faustrechts Gottfrieds Wappenspruch.

Was zwischen den zwei Polen Volk und Kaiser liegt, ist Götzens Gegenwelt: Zunächst der „Hof" mit seinen Würdenträgern, doppelzüngigen Juristen, den ehrgeizigen Glücksrittern und glatten Kurtisanen, die ihre Liebesgunst der Politik verschachern: all das spitzfindige, schönredende, sanftlebende Gezücht, das in der Hofluft zu gedeihen pflegt. Ferner die Großmannssucht der reichen Pfeffersäcke, engstirniger Stadtobrigkeiten und dergleichen mehr.

In solcher ränkevollen Nachbarschaft steht Götz von Berlichingen als ein „letzter Ritter", einfach und bieder, tapfer und getreu. Der Panzer seiner Brust umschließt gleich einer Erdkugel die alte Welt des Heiligen Reiches Deutscher Nation und seine Burg Jagsthausen ist – wie der Stammsitz seines Freundes Sickingen: die Ebernburg – „eine Herberge der Gerechtigkeit, wo Pferde und Waffen im Wert, Feigheit und Faulheit in Verachtung stehen, wo die Männer nicht nur frei, sondern auch hochher-